ŒUVRES DE PAUL FÉVAL

La Chasse au Roi

ALBIN MICHEL, ÉDITEUR

G. Niezab

ALBIN MICHEL, ÉDITEUR

PARIS - 22, RUE HUYGHENS, 22 - PARIS

ŒUVRES DE PAUL FÉVAL

Seule édition revue et corrigée

PARIS. — Imp. RAMLOT et Cie, 52, avenue du Maine. — 1926.

LA CHASSE AU ROI

SEULE ÉDITION DES ŒUVRES DE
PAUL FÉVAL
SOIGNEUSEMENT REVUES ET CORRIGÉES

PAUL FÉVAL

LA CHASSE
= AU ROI =

SEULE ÉDITION REVUE ET CORRIGÉE

ALBIN MICHEL, ÉDITEUR

PARIS — 22, RUE HUYGHENS, 22 -- PARIS

ENVOI

A MONSIEUR L'ABBÉ MOIGNO

CHANOINE DE SAINT-DENIS

Savant compatriote et ami.

Vous vous êtes plaint parfois de mon prétendu abandon ; je vous adresse ce livre, complétement expurgé au point de vue de la conscience chrétienne, comme un témoignage de reconnaissant souvenir et de respectueuse affection. Vous y trouverez des noms de notre pays de Bretagne.

Le roi proscrit dont il s'agit dans ce récit d'un fait historique bien connu, entouré de détails vrais, ne ressemble point à l'illustre exilé que nous aimons et que nous admirons. Ce fils obscur des Stuart ne peut être comparé en rien au grand héritier des Bourbon, mais il y a un triste enseignement dans la conduite du cadet de Bourbon (Philippe d'Orléans) qui gouvernait la France au temps de mon drame, en dépit du testament de Louis XIV et qui commença virtuellement la Révolution. Ce Bourbon francmaçon et anglais abandonna, entre deux vins, Stuart persécuté par la Révolution. Dieu le vit.

Savant ami, du haut de votre admirable livre, Les splendeurs de la foi, soyez indulgent pour cette humble historiette et croyez qu'après tant d'années votre ancien protégé vous aime toujours.

PAUL FÉVAL

LA CHASSE AU ROI

I

DU BONHOMME OLIVAT, DE LA GRANDE HÉLÈNE, DU BANDIT
PIÈTRE GADOCHE, ÉLÈVE DE CARTOUCHE, DE LA POUPETTE,
DU FATOUT, ET OU IL EST PARLÉ DE LA CAVALIÈRE

Sous le gouvernement du régent Philippe d'Orléans, la
Lorraine était encore un État séparé de la France. Le duc
Léopold régnait. Ce fut seulement vers le milieu du même
siècle que Stanislas de Pologne, dépossédé, acquérant la sou-
veraineté du pays lorrain au moyen d'un échange, endormit,
à son insu peut-être, la question politique, et prépara l'annexion
définitive de ce beau pays à la monarchie française.

Du reste, on peut le dire, les rives de la Meuse étaient alors
comme aujourd'hui un pays tout français par la langue et par
les habitudes. La frontière qui séparait les forêts montagneuses
du Barrois des vignobles de la Champagne pouvait passer pour
nominale, et les grandes armées de Louis XIV avaient toujours eu un contingent nombreux de Lorrains mercenaires,
quelle que fût l'attitude de la tour de Nancy.

En 1718, il y avait à la lisière de la forêt de Béhonne, à une
lieue de Bar-le-Duc, sur la route de Verdun, une grande vieille
maison, qui avait physionomie de manoir, mais dont maître Jérôme Olivat, son possesseur actuel, avait fait une auberge.

Maître Jérôme Olivat était un homme de soixante ans, ancien soldat des guerres d'Allemagne, d'où il avait rapporté
une douzaine de blessures et des écus. Les blessures le tenaient
cloué sur son lit depuis bien longtemps; les écus ne lui avaient
point porté bonheur.

On racontait, en effet, par rapport aux écus du bonhomme
Olivat, une singulière et terrible histoire, à laquelle se trouvait mêlé le fameux bandit Piètre Gadoche ou Gadocci, dont

les exploits inquiétèrent, au commencement du xviiie siècle, toutes les polices européennes. C'était un coquin voyageur qui changeait de tournure comme de visage avec une merveilleuse facilité, et qui avait l'habitude de se marier dans toutes les villes où il exerçait ses redoutables talents. Dans le cours de sa carrière assez courte, on lui connut jusqu'à douze femmes, légitimement épousées. C'était un précurseur des moralistes qui prêchent l'établissement du divorce et il gagnait de grosses sommes à ce philosophique métier.

Il était, disait-on, Italien de naissance, mais il parlait toutes les langues couramment et sans accent. Ses états de service dans l'armée du brigandage peuvent passer pour uniques. Il fut le bras droit de Hans Schiller dans le Hartz, le lieutenant de Cartouche à Paris, l'émule de Thomas Paddock dans la *Grande Famille* des voleurs de Londres. C'est au point que les badauds de la Cité ne savaient plus au juste lequel de lui ou du vieux Tom était le vrai Jean-Diable des enfers du Drury Lane.

Quand il se sentait pourchassé de trop près dans la capitale, il quittait son ménage et allait un peu se marier en province où le bon air des champs et les mœurs tranquilles lui rafraîchissaient le sang pendant qu'il mangeait la dot. Celui-là n'avait pas attendu pour émanciper sa conscience le triomphe de la libre pensée.

Quelques années avant l'époque où commence notre récit, Piètre Gadoche avait choisi la bonne ville de Bar-le-Duc pour y prendre le vert. Il pouvait avoir alors vingt ans tout au plus; il était fort beau cavalier, spirituel et plaisait aux dames; mais, dans cette circonstance, sa fantaisie fut d'épouser une veuve d'un certain âge dont il mangea le douaire avec appétit.

Il fut douze mois tout entiers à parfaire cette besogne; mais le douaire, une fois dévoré, il dut aviser.

Le bonhomme Olivat vivait alors à Bar-le-Duc, en bon bourgeois, dans une maison à lui, qui avait un beau jardin fruitier, au bord de l'Ornain, derrière le pont Notre-Dame. Il avait sa femme, une grande fille de seize ans, et son fils plus âgé qui était déjà marié. Tous les douze mois, ce jeune ménage mettait un enfant de plus dans la maison. Le bonhomme Olivat ne se plaignait point de l'agrandissement de sa famille, quoique son plaisir fût de grossir son boursicot. « Il y a de quoi pour tous, » disait-il. Aussi l'appelait-on le *richard*, dans le pays, et sa prospérité faisait envie.

Il avait chez lui un vieux compagnon d'armes, recueilli par charité, car les gens très économes peuvent être parfois secourables. Nous n'avons pas besoin de dire que Piètre Gadoche avait pris un nom d'emprunt à Bar-le-Duc. Il s'appelait M. Philipart. Le compagnon d'armes du bonhomme Olivat se lia tout à coup d'une amitié très étroite avec M. Philipart.

Une nuit d'hiver, en 1713, des malfaiteurs qui n'y allaient pas par quatre chemins, incendièrent tout uniment la maison du bonhomme Olivat pour s'emparer de son trésor que la jalousie publique enflait à plaisir. Le vieux soldat, cette nuit-là, perdit non seulement son argent et son abri, mais encore sa foi dans la bonté des hommes, car le compagnon d'armes ne reparut jamais.

M. Philipart s'éclipsa aussi, laissant inconsolable son Ariane entre deux âges dont il avait vidé les armoires.

Quelques jours après, des gens de police vinrent de Nancy pour arrêter M. Philipart à qui ils donnaient le nom de Piètre Gadoche. Ce fut ainsi que la ville de Bar-le-Duc et Mme Philipart apprirent qu'ils avaient eu l'honneur de nourrir ce célèbre bandit pendant une année. Cela fit grand bruit, et chacun se promit bien de le reconnaître à l'occasion.

Cependant, un malheur ne vient jamais seul. Avant l'arrivée du printemps, l'infortune visita deux fois la famille ruinée du bonhomme Olivat : son fils et sa bru s'en allèrent au cimetière à quelques semaines l'un de l'autre, laissant derrière eux quatre pauvres petits enfants.

Jérôme Olivat était un homme industrieux. Il aimait beaucoup l'argent et savait comme on le gagne. Malgré son âge et son état de maladie, il ne perdit point courage, et, ne pouvant plus travailler lui-même, il employa tous ses soins à forger l'instrument humain qui devait refaire sa fortune.

A dix-sept ans, Hélène Olivat était une grande jeune fille qui aurait pu servir de modèle à un peintre pour représenter Minerve. Le sang est riche en Lorraine. Hélène était un peu trop masculine peut-être, et une vigueur surabondante se trahissait parfois dans la brusquerie de ses mouvements, mais sa haute taille avait des proportions si heureuses que la grâce y naissait dans la perfection. Il ne fallait pas chercher dans sa figure aux traits réguliers et fermes la délicatesse, qui est le principal charme de la femme; mais ses grands yeux bleus avaient une franchise robuste, une vaillance communicative, et, quand elle voulait, une admirable douceur.

Il faut bien dire : *quand elle voulait*, car tel n'était pas toujours son caprice; son père l'avait forgée, nous répétons le mot à dessein, et trempée aussi. Les outils à gagner de l'argent doivent être durs. Il n'y avait pas beaucoup d'hommes, aux environs de Bar-le-Duc, capables de soutenir le regard d'Hélène en colère.

Seulement, quand elle regardait, le matin, le souriant sommeil de Mariole, sa poupette, vous eussiez bien juré qu'elle était bonne, dans son âme, comme les anges du ciel.

Mais jarnicoton ! si vous aviez demandé aux mauvais payeurs : la grande Hélène est-elle un ange?...

Nous reparlerons quand il le faudra de Mariole, la *poupette* de la grande Hélène, qui tiendra une large place dans notre récit.

Revenons à Hélène. Le bonhomme Olivat, son père, lui avait dit plutôt cent fois qu'une : « Les hommes sont mauvais, il faut se défendre ». Elle s'était armée en guerre. Peut-être y avait-il déjà dans sa nature ce qu'il fallait pour recevoir ces semences de misanthrophie. Le bonhomme Olivat lui avait dit encore : « Il n'y a qu'un ami fidèle : l'argent ». Elle aimait l'argent. Le bonhomme Olivat lui avait dit enfin : « On songe à soi d'abord, et puis ensuite à soi; après, on voit venir ».

Hélène aimait et respectait son père; elle avait une profonde foi en sa sagesse. Dans sa conscience, elle faisait tous ses efforts pour suivre ses leçons et s'applaudissait de bon cœur, chaque matin, des progrès accomplis dans la voie de l'égoïsme. Elle pensait bien arriver tôt ou tard à n'aimer plus personne qu'elle-même.

Pourtant le soir, après le travail, quand elle suivait, à l'aide d'une longue aiguille à tricoter, les lignes de grosses lettres qui montraient à lire aux petits, dans l'alphabet, commençant par la croix de Dieu, son cœur battait. Et le dimanche, quand, vêtue de sombre futaine, elle agrafait la blanche robe de Mariole, malgré les anathèmes du vieillard qui demandait si on voulait faire de la petiote une princesse, son cœur battait encore, et plus vite.

Écoutez ! elle avait réponse à tout. Elle s'occupait des enfants pour les faire travailler plus tard, comme des forçats, à son profit ! Elle habillait Mariole, parce que c'était sa poupette, et qu'il faut un jouet à tout âge.

— Ça m'amuse ! disait-elle. Si ça amuse aussi l'enfant, je m'en moque. Je ne pense qu'à mon plaisir !

Mariole, la poupette, n'était point de la famille. Hélène l'avait trouvée endormie sur le chemin, autrefois, un soir de neige dans un pauvre lambeau de serviette. Il n'y avait ni marque au linge, ni bijoux, ni croix, ni rien qui pût être reconnu plus tard au dénoûment d'un banal roman. C'était une enfant abandonnée pour tout de bon et pour toujours. Dieu sait la réception que fit le bonhomme Olivat à ce paquet, apporté par la grande Hélène.

— Ces enfants-là, dit-il, sont les malheurs des maisons. Mets-moi cela à l'hospice !

Hélène avait alors dix ans ; c'était au temps où l'on était riche encore, chez le vieux soldat.

— J'ai cassé ma poupée, répondit-elle. Cette petiote-là sera ma poupée, et je ne la casserai pas.

De là le surnom de Poupette qu'on donnait toujours à Mariole, car le bonhomme céda : dès ce temps, quand Hélène voulait quelque chose, le diable n'y pouvait rien.

— Si vous fourrez une couleuvre dans votre giron, grommela le vieil homme, il ne faudra pas vous plaindre d'être mordue.

— On ne se plaindra pas, répliqua encore Hélène, quand même on serait mordue !

Depuis lors, Mariole était à la maison ; mais le bonhomme Olivat eût menti s'il avait dit que Mariole lui avait jamais coûté un dernier tournois. Hélène était fière. Tout enfant qu'elle était, elle travailla pour nourrir et pour habiller sa poupée. Mariole ne devait rien au bonhomme Olivat.

Il y avait maintenant quinze ans de cela, et il y avait cinq ans depuis l'incendie nocturne de la maison du pont-Notre-Dame. Hélène allait sur ses 25 ans.

On racontait encore souvent aux petits enfants de Bar-le-Duc l'histoire du bandit P'ètre Gadoche, qui avait une femme en chaque pays, et toujours l'histoire se terminait ainsi :

— S'il revient, gare à lui ! on le connaît, il sera pendu !

La poupette de la grande Hélène était maintenant une jolie

jeune fille, blonde, avec des yeux bruns et une petite bouche
rose qui souriait finement en creusant des fossettes au bas de
ses joues, plus douces, plus fraîches aussi que le velours des fleurs.

Quand maître Jérôme Olivat, à la suite de l'incendie, avait
loué la vieille maison de la forêt de Béhonne pour en faire une
auberge à l'enseigne du Lion d'or, les commencements avaient
été rudes. Mais Jérôme, couché qu'il était sur son grabat, gardait le génie des administrateurs économes, et la grande Hélène
travaillait mieux qu'un homme. A l'époque où s'entame notre
histoire, tout allait bien; les petits grandissaient, gros et bien
portants, Mariole florissait, la tante Catherine avait un bidet
pour la porter à la messe. Les dettes étaient payées, et l'on se
remettait à dire, autour de Bar-le-Duc, que le maître du Lion-
d'Or avait de beaux écus dans sa paillasse.

Il y eut un certain collecteur des gabelles, tout nouveau dans
le pays, qui entendit parler de cela. Il était jeune, bien couvert
et agréable de visage; il avait de l'esprit, au juger des bour-
geoises de Bar-le-Duc. Quant à son cœur, vous ne l'eussiez pas
rencontré dans la rue sans qu'il vous en vantât lui-même
l'exquise sensibilité. Il se nommait M. Ledoux.

Ayant ouï parler des écus du bonhomme Olivat, il vint le
voir, sous prétexte des devoirs de sa charge, et entreprit de
savoir au juste le compte des louis d'or que pouvait contenir la
paillasse.

La tâche n'était point aisée. Le bonhomme Olivat était
comme chat échaudé qui craint l'eau froide. Il avait appris par
une terrible expérience le danger de mettre le public dans le
secret de sa prospérité.

Mais chaque question se présente sous plusieurs faces. Si,
d'un côté, il y a péril à faire parade de ses écus, de l'autre
l'argent attire l'argent et il y a avantage évident à faire savoir
aux petits ruisseaux de quel côté est la grande rivière. Le père
Olivat était un habile homme. Il savait bien qu'un jouvenceau
établi comme M. Ledoux, sage, rangé et collecteur, n'assas-
sine pas les gens pour avoir leur tirelire. Cela ne s'est jamais
vu. Du premier coup le bonhomme Olivat devina qu'il s'agissait de la grande Hélène, sa fille.

Or, nous ne pouvons pas cacher un seul instant que l'idée
d'avoir pour gendre un collecteur des gabelles lui alla droit
au cœur.

Donc, le père Olivat, au lieu de répondre, se souleva sur le coude et cligna de l'œil comme un vieux diplomate qu'il était disant :

— Vous me plaisez, tâchez de plaire à ma fille.

Et comme ce joli M. Ledoux l'interrogeait d'un regard suppliant, il ajouta :

— Je ne le dirais pas à d'autres, mais pour vous, *il y en a sept cents* dans mon pauvre boursicot ! Pas un de plus, pas un de moins !

— Cinq mille six cents écus tournois ! s'écria le collecteur qui savait l'arithmétique. Touchez là, mon beau-père !

M. Ledoux comptait ainsi en louis d'or de vingt-quatre livres. Le bonhomme Olivat n'avait pas parlé de louis d'or expressément : sa conscience était tranquille, selon la rigueur de la lettre juive. Il toucha là, ajoutant seulement :

— Pas un mot d'argent à ma fille ! Filez-moi avec elle tout une quenouillée de délicatesse et de sentiment, mon gendre !

M. Ledoux suivit ce bon conseil. La grande Hélène, étonnée d'abord, puis farouche, écouta enfin cette voix qui s'adressait à son cœur. C'était une âme si droite ! Elle s'interrogea un matin, et récapitulant tous les divers propos de ce joli M. Ledoux, elle n'y trouva pas une seule parole qui eût trait aux choses d'intérêt; cela l'effraya.

— Un homme si généreux irait mal avec une avaricieuse comme moi, se dit-elle.

Car elle était bien regardante, la grande Hélène, pour tout ce qui était de son entretien personnel. Quant à ce qui touchait ceux qu'elle aimait, comme elle ne comptait jamais, elle avait du mal à établir sa balance et se croyait de bonne foi très intéressée. Elle monta chez son père pour lui soumettre le cas.

Le bonhomme, qui était toujours seul et qui avait du temps de reste pour ruminer ses plans de calculateur campagnard, s'était enfoncé de plus en plus dans sa passion d'avoir un collecteur des gabelles pour gendre. C'était désormais une idée fixe chez lui.

— Tais-toi, grande innocente, dit-il. Aurais-tu pas voulu que M. Ledoux te marchandât comme une aune de futaine ! S'il est étourdi, tant mieux, puisque toi tu es sage. Tu auras la clef de l'armoire et tout ira comme sur des roulettes dans votre ménage.

— Et puis, appuya Hélène en souriant, s'il était pingre, il trouverait à redire à tout : la tante Catherine, les petits, Mariole, ma pauvre Poupette...

Le père Olivat eut sa toux.

— La tante Catherine, murmura-t-il, serait heureuse comme une reine à la Miséricorde de Bar-le-Duc. Les petits sont en âge de gagner leur pain à la ferme, et la Poupette ne nous est de rien. M. Ledoux n'épouse que toi.

Hélène n'entendit point, parce qu'elle descendait déjà l'escalier quatre à quatre. L'ouvrage l'appelait. Mais en travaillant, ce jour-là, elle songea. L'image de M. Ledoux, qui ne pensait pas à l'argent, lui tint compagnie. Le lendemain, son miroir, si longtemps muet, lui reprocha de laisser à l'abandon la prodigalité de ses cheveux noirs. Elle les prit à deux mains et les lança en riant derrière ses épaules où ils rebondirent ruisselants pour retomber comme un manteau superbe.

— Tiens, sœur Hélène, lui dit Mariole, comme te voilà belle aujourd'hui !

— Suis-je belle? demanda brusquement Hélène.

Puis elle ajouta en fronçant les sourcils.

— Tais-toi, fille, tu me flattes pour que je t'aime !

Les leçons du bonhomme n'avaient pas été perdues tout à fait. Elle était défiante. Elle arrangea ses cheveux et mit sa robe des jours de fête. M. Ledoux devait venir : M. Ledoux vint. Hélène, le croiriez-vous, la grande Hélène remarqua la tournure de son pourpoint et la couleur de ses chausses. Le soir, elle dit à Mariole, qui riait.

— Je n'aurais rien à lui reprocher s'il songeait un peu plus à l'argent, seulement !

Il vint tous les jours désormais, M. Ledoux, et, pour être juste, nous devons avouer qu'on n'avait jamais vu un collecteur des gabelles si agréable. Un vent de gaieté souffla dans la maison; la grande Hélène était toute changée et Mariole ne se sentait pas de joie, car elle espérait bien qu'on danserait pour les épousailles. Mariole n'avait jamais dansé.

Il n'y eut, à l'auberge du Lion-d'Or, qu'une seule personne pour ne pas apprécier le bienfait des visites quotidiennes de cette perle des collecteurs, ce fut Nicaise. Ai-je oublié de vous parler de Nicaise? Après la grande Hélène, le père Olivat et la Poupette, Nicaise pouvait passer assurément pour le personnage le plus important de la maison. Il était factotum ou *fatout* de l'auberge, selon l'expression du pays; on le mettait à toute sauce; il servait de premier ministre à la grande Hélène. Le bonhomme Olivat disait bien à chaque instant que cette poule mouillée de Nicaise n'avait pas inventé la poudre, mais Nicaise montrait tant d'obéissance et tant de dévouement!

C'était un grand garçon un peu trop gras, assez lourd, avec une bonne figure rougeaude qui faisait plaisir à voir. On n'eût point trouvé un front plus candide à dix lieues à la ronde, et ses cheveux, taillés à l'écuelle, donnaient une placidité extraordinaire à sa face d'ange bouffi. Il se serait mis au feu pour la grande Hélène; mais, de nature, il était un peu paresseux, très gourmand, et passait pour être plus poltron que les lièvres.

Sa gaucherie empêchait les gens de voir qu'il était bien bâti et solidement campé sur une paire de fortes jambes. Quand personne ne pouvait l'épier et qu'il regardait la grande Hélène, sa figure changeait, ses yeux pensaient. Nicaise n'aimait pas le joli M. Ledoux, et la gaieté nouvelle qui faisait sourire la maison le rendait triste.

Un matin du mois de janvier, en cette même année 1718, par un pâle soleil d'hiver qui mettait des étincelles aux vitres glacées, la chambre basse de l'auberge du Lion-d'Or présentait un aspect inaccoutumé. Tous les meubles étaient dans le milieu de la salle, tandis que deux valets et une servante nettoyaient énergiquement les murailles. La grande Hélène, en déshabillé, brossait de sa propre main les moulures d'une belle armoire en vieux chêne, Mariole frottait les carreaux, et Nicaise, soupirant comme un bœuf, rendait plus brillant que de l'or les garnitures de cuivre des coffres et des bahuts.

C'était une pièce de large étendue qui n'avait ni plancher ni carreaux, mais dont le sol, battu avec un soin extrême, offrait à peu de chose près la consistance de notre asphalte moderne. Le plafond montrait de noirs soliveaux, ornés chacun d'une double ligne de demi-boules bien polies et taillées dans le bois même de la poutre. Dans les entre-deux profonds, l'œil le plus aigu n'eut pas découvert une seule toile d'araignée. Il y avait deux fenêtres, dont l'une donnait sur le jardin, confinant à la forêt, l'autre, sur la grande route, à côté de la porte d'entrée. Le troisième pan de muraille avait la place de deux lits, à droite et à gauche de l'immense cheminée, dont la plaque

de fer battu portait un écusson noble au-dessous d'une gigantesque crémaillère. La quatrième pan avait deux portes et une
échelle fixe qui montait à l'étage supérieur.

On préparait la maison pour le repas des épousailles qui
devait avoir lieu le soir même. Les domestiques y allaient de
bon cœur, à cause de certain tierçon de vin de la Moselle qu'on
devait mettre en perce pour la circonstance. Mariole chantait
comme une fauvette en poursuivant sur les carreaux la moindre
trace de blanc d'Espagne; Hélène, heureuse et recueillie, accom-
plissait sa besogne en conscience, et Nicaise, qui la regardait
d'un œil souvent humide, frottait ses cuivres avec rage.

— Le père a-t-il appelé ce matin? demanda Hélène.

— Pas encore, demoiselle, répondit un valet.

— Tâchez de finir avant que les petits ne s'éveillent; moi,
je vais chauffer la trempée de la tante Catherine.

— Ceux-là aussi, grommela Nicaise, c'est leur dernier jour
de bon temps !

— Qu'est-ce que tu chantes, toi, poule mouillée? demanda
Hélène.

— Rien, demoiselle, répondit humblement le pauvre fatout.

— C'est que, reprit Hélène en fronçant le sourcil, M. Ledoux te trouverait ta marche !

Nicaise s'inclina sur son ouvrage, mais ses yeux eurent un
éclair et ses cheveux se relevèrent sur son crâne comme les
plumes d'un coq en couroux.

— Sœur, dit Mariole en jetant un regard de complaisance
à ses carreaux, les voilà brillants comme du cristal !... Est-ce
que c'est une personne vivante, la Cavalière? ou bien une
morte qui revient? à ton idée?

— La Cavalière? répéta Hélène, qu'est-ce que c'est que ça,
la Cavalière?

Les domestiques avaient tourné la tête et écoutaient. Nicaise
dit entre haut et bas :

— Il y a de drôles de bêtes dans la forêt cet hiver-ci, pour
sûr !

— Tu n'as donc pas entendu ce que M. Ledoux disait hier
soir à la veillée, sœur, reprit la fillette... Ah ! c'est juste ! tu
étais avec le père qui avait appelé... C'est égal ! tout le monde
parle de la Cavalière.

— Et qu'a dit M. Ledoux? interrogea Hélène.

— M. Ledoux a dit que la forêt était pleine d'inconnus qui
vont et qui viennent, répondit Mariole en se rapprochant, depuis
que le jeune roi d'Angleterre a été renvoyé de France et qu'il
demeure à Bar-le-Duc, en Lorraine.

— Il n'y a pas de jeune roi d'Angleterre, répliqua péremp-
toirement Hélène; le seul roi d'Angleterre est à Londres, et l'on
a bien fait de renvoyer de France le prince Jacques Stuart ou
le chevalier de Saint-Georges, comme il s'appelle. Je ne lui
veux pas de mal à ce jeune homme, je ne veux de mal à personne. mais je n'aime pas les gens qui veulent faire la guerre
et mettre tout un pays à feu et à sang par ambition ou par
avarice... Qu'est-ce que M. Ledoux disait encore de cette Cavalière?

— Il disait que c'est une femme... ou un fantôme.

Hélène haussa les épaules; elle ne croyait pas aux fantômes.

— Et je me suis réveillée trois fois en sursaut cette nuit,
ma sœur, poursuivit la fillette, parce que les feuillées bruis-
saient au dehors et que les chiens hurlaient. On l'a rencontrée
dans la forêt, cette Cavalière, tout habillée de noir, le visage
couvert d'un masque de soie, et montée sur un cheval noir qui
jetait du feu par les naseaux.

— Et c'est M. Ledoux qui raconte de semblables balivernes !
s'écria Hélène.

— Demoiselle, certifièrent à la fois les trois domestiques, d'autres que M. Ledoux l'ont vue la nuit, au clair de la
lune.

— A votre ouvrage ! ordonna la grande fille avec dédain.
Mon épouseur s'est moqué de vous, et c'est bien fait.

A ce mot « mon épouseur, » Nicaise devint pâle. C'était la
première fois qu'Hélène désignait ainsi M. Ledoux. Chacun
cependant reprit sa besogne. excepté Mariole, qui avait achevé
la sienne. Hélène s'accroupit devant le feu couvant sous la
cendre, pour préparer la soupe de la tante Catherine.

En ce moment, des pas de chevaux sonnèrent bruyamment
sur la route durcie par le froid. Chacun leva la tête, et Mariole,
qui était assise auprès de la croisée, poussa un cri étouffé.

— Sainte Vierge ! dit-elle, la voici ! la Cavalière !

Quand Hélène se retourna en sursaut à ce cri, elle vit les
trois domestiques qui se signaient, et Nicaise le cou tendu, les
yeux écarquillés, la bouche béante.

Devant les carreaux éclaircis de la fenêtre, une cavalcade passait justement comme un tourbillon.

Deux gentilshommes, le feutre rabattu, le manteau flottant au vent, et une amazone entièrement vêtue de noir, sauf l'aigrette de plumes rouges et blanches qui ornait sa toque écossaise. Un masque de soie cachait son visage. Les trois chevaux allaient plus vite que le vent, lançant par leurs naseaux de longs rais de fumée.

Le temps que la grande Hélène mit à s'élancer de la cheminée à la porte, la cavalcad avait déjà disparu.

II

DU BRACONNIER RAOUL, D'UN BOITEUX, D'UN NEZ CROCHU ET
D'UN VIEIL HOMME QUI ALLAIT EN PÈLERINAGE A SAINT-
GUHAIN DE BÉHONNE POUR RETROUVER SES JAMBES DE
VINGT ANS.

Le soleil de midi frappant le toit chargé de givre, mettait à
chaque ardoise une gouttelette de cristal et bleuissait la fumée
au fond de l'âtre. La salle basse, nettoyée du haut en bas, était
prête pour la cérémonie; les meubles avaient repris leur place
accoutumée autour des murs, et Nicaise rangeait dans le bahut
la faïence essuyée.

Mariole, alerte à son travail, cousait, achevant la toilette qui
devait la faire si brave à l'heure impatiemment attendue où le
ménétrier de Behonne allait sonner la première danse. On entendait les enfants jouer dans le jardin. Hélène était avec son
père. Les valets et servantes allaient et venaient.

Le passage de la Cavalière en plein jour lui avait ôté un peu
de son prestige surnaturel, et cependant l'auberge du Lion-
d'Or s'était occupée d'elle toute la matinée. Était-ce dans l'espoir et dans la crainte de la revoir encore que Mariole regardait
sans cesse à la croisée? Un observateur en aurait douté, car les
jolis yeux de la fillette devenaient tristes quand ils quittaient
sa couture pour se tourner de ce côté.

Et si l'observateur avait eu l'oreille fine, ses doutes se seraient
tournés en certitude, car à un moment où ses doigts distraits
cessaient de pousser son aiguille, la fillette murmura :

— Voilà trois jours qu'il n'est venu !

Qui donc avait été trois jours sans venir? Certes, ce n'était
pas le joli M. Ledoux, le collecteur, puisque nous eûmes de ses
nouvelles hier à la veillée.

— Nicaise ! dit-elle tout à coup.

— Quoi ça, petiote ! répliqua le bon fatout en tressaillant comme un homme qui s'éveille en sursaut.

— Tu es triste comme un bonnet de nuit, garçon !

— Quant à ça, non... un jour où c'est fête pour la demoiselle, ce serait péché !

— Tu es triste, puisque tu pleures.

Nicaise s'essuya les yeux à tour de bras et répliqua :

— Si c'est ma . .anière d'être gai, à moi, la Poupette !

Mariole le regarda en dessous et dit :

— Pauvre Nicaise !

— Je ne suis pas plus pauvre aujourd'hui qu'hier, petiote, répliqua le fatout d'un air fier, et je n'aime pas qu'on me plaigne, non !... Vous êtes donc bien contente, vous !

— Dame ! dit-elle. On va danser.

— Voilà du bonheur ! gronda Nicaise qui ferma les poings sous son tablier. Ah ! en voilà pour sûr !

— Et on va rire... Dis donc, Nicaise.

— Après ?

— Ma grande sœur Hélène va être joliment heureuse avec M. Ledoux, sais-tu ?

— Non, je ne sais pas, gronda le fatout entre ses dents serrées.

— Comment, tu ne sais pas !... M. Ledoux n'est-il pas assez aimable !

— Il n'y a personne d'assez aimable pour la demoiselle ! déclara Nicaise.

— Ça, c'est vrai, avoua Mariole. Ma sœur Hélène vaut plus que tout. Mais puisqu'elle l'a choisi pour son mari, écoute donc, c'est qu'il lui plait.

Le fatout songea un instant, puis il dit comme à regret :

— Ça me fait cet effet-là, petiote. Faut qu'il lui plaise pour l'avoir choisi.

Il poussa un gros soupir.

— Et puis... tu ne réfléchis pas, toi, reprit mariole.

— Ah ! pas souvent, c'est vrai ! dit le pauvre garçon qui ajouta tout bas : Malgré ça que je rumine, depuis du temps, toute la longue nuit au lieu de dormir ! Et bien c'est malheureux pour moi !

— Tu ne réfléchis pas que, maintenant, l'auberge du Lion-d'Or ne peut aller sans un homme.

— Un homme ! répéta Nicaise qui se redressa malgré lui.

— Un vrai homme, répliqua la fillette. Le père Olivat ne quittera plus jamais son lit, et toi...

— Moi, je suis une poule mouillée, pas vrai, petiote? articula péniblement Nicaise.

— On dit ça. Moi, je ne le crois pas. Mais enfin, ma grande sœur Hélène te regarde toujours comme un petit gars... Quel âge as-tu, dis?

— Un an plus qu'elle, juste.

— Ça n'a pas l'air. Il faut un homme... à présent surtout qu'on voit rôder autour de la maison tant de gens de méchante mine....

— Et de bonne mine aussi, Poupette ! interrompit Nicaise qui la regarda d'un air malin.

Elle baissa les yeux en murmurant avec plus de surprise que de crainte :

— Tiens, tiens, tiens, tiens !

— Et de bonne mine, si tu veux, mon garçon, poursuivit-elle résolûment : ça dépend des goûts. La chose certaine, c'est que le voisinage du roi d'Angleterre...

— La demoiselle ne veut pas qu'on l'appelle le roi d'Angleterre ! dit Nicaise.

— Le voisinage du chevalier de Saint-Georges, rectifia Mariole docilement, nous amène de drôles de gens : des Anglais...

— Et des Français, intercala encore Nicaise. Le beau braconnier qui vient pour vous est Français, m'est avis, petiote, hé?

— Vient-il pour moi? demanda Mariole qui le regarda en face avec ses grands yeux ingénus.

— Vous en valez tout de même bien la peine, oui ! murmura le fatout qui semblait pensif. Tenez, mademoiselle Mariole, voulez-vous que je vous dise une idée que j'ai : on vous appelle la poupette, comme on m'appelle, moi, la poule mouillée... jusqu'à voir !

La fillette laissa son ouvrage pour lui tendre la main.

— Si tous les étrangers qui rôdent dans la forêt étaient comme M. Raoul... commença-t-elle en baissant la voix.

— Ah ! ah ! dit Nicaise, il a nom M. Raoul ! C'est un joli nom, oui !

— On n'aurait pas besoin de M. Ledoux à la maison, acheva Mariole, car il est bien honnête, va, mon Nicaise, M. Raoul !

— Et il a les mains bien blanches, hé ! petiote? M'est avis que s'il voulait, ce beau braconnier-là nous en dirait long sur la Cavalière !

— Chut ! fit Mariole en mettant un doigt sur sa bouche.

Le fatout regarda tout autour de lui, puis demanda :

— Pourquoi chut?

— Ce sont de grands secrets, répondit la fillette avec emphase, des secrets de vie et de mort !

— Et vous les savez, vous, Poupette?

— Peut-être pas tous, mais j'en sais beaucoup, répliqua Mariole, non sans orgueil.

— Dites, voir !

— Le plus souvent ! se récria-t-elle. Tu n'as donc pas remarqué comme j'ai fait l'ignorante ce matin? J'ai demandé si la Cavalière était une personne ou un fantôme.

— C'est un fantôme?

— Nigaud !

— C'est une personne alors : je m'en doutais !

— Vraiment ! Et devinerais-tu bien toi, pourquoi elle a ce drôle de nom, la Cavalière?

— Pardié ! dit le fatout. Est-ce malin? parce qu'elle va à cheval, donc !

— Pauvre Nicaise ! murmura Mariole qui se remit à sa couture d'un air de commisération profonde. Ce que c'est que de ne pas savoir !

— Dites, voir ! répéta le fatout. Quand vous aurez dit, je saurai.

Mariole se fit prier un petit peu, puis elle croisa ses jolis doigts sur ses genoux et prit une pose de professeur.

— Approche-toi, murmura-t-elle, et si on t'interroge, motus, pas vrai? Tous ces gens-là qui courent le guilledou dans la forêt ne sont pas du même avis. Il y en a qui servent le bon Dieu et sont catholiques comme toi et moi, et d'autres qui sentent le fagot. Les catholiques ont l'idée que le jeune roi doit faire un voyage en Écosse pour sa santé, les huguenots voudraient le mettre en prison... comprends-tu?

— Oui bien, répondit Nicaise; mais ça ne me dit pas pourquoi c'te femme-là s'appelle la Cavalière.

— Parce qu'elle n'est pas huguenote, répartit Mariole sans hésiter.

— Ah !... fit Nicaise. Elle a raison pour ça.

— Voilà; dans leur pays, les huguenots s'appellent des Têtes-Rondes et les catholiques des Cavaliers... Est-ce curieux?

— Et M. Raoul, le braconnier aux mains blanches, est-il un Cavalier ou une Tête-Ronde? demanda Nicaise.

—Est-ce qu'il a l'air d'un hérétique ! s'écria la fillette indignée.

— Dame ! reprit-elle; au fait... j'ai oublié de le questionner là-dessus, mais pas de danger !

Elle se leva brusquement et déploya sa robe achevée, qu'elle examina dans tous les sens avec une joie enfantine.

— En as-tu vu déjà des épousailles, toi, Nicaise? interrogea-t-elle en faisant bouffer les plis de sa jupe.

— Oui, répliqua le bon garçon avec toute sa tristesse revenue. Des fois, c'est gai, d'autres fois... Tenez ! ce M. Ledoux a un air ! Vous aurez beau dire tous... il a un air.

— Quel air?

— Je m'entends bien, allez, la poupette... un air qui me fait comme si je voyais une couleuvre à sa place... Il n'a pas l'air d'avoir son propre visage, quoi !

Mariole éclata de rire.

— D'ailleurs, reprit le fatout; je n'aime pas m'amuser, moi !

— Oh ! si moi ! s'écria Mariole. Et comme on va s'amuser ! A quatre heures le repas, avec les chansons au dessert ! A huit heures, la danse, et demain, la cérémonie à la paroisse où nous irons tous derrière les violons. Mon Dieu ! que c'est agréable de se marier !

Le fatout eut un sourire mélancolique; il pensait :

— Ah ! oui bien ! avec la demoiselle Hélène !

— Tenez, Poupette ! se reprit-il tout haut avec une soudaine chaleur. J'ai défiance de cet homme-là; que voulez-vous, ce n'est pas ma faute.

— Défiance de M. Raoul !... dit Mariole qui guettait de l'œil la fenêtre.

— Il s'agit bien de M. Raoul ! Je parle du collecteur. C'est un ange, voyez-vous, qu'il aura pour femme. S'il la rendait malheureuse, je l'étranglerais comme un poulet !

Mariole regardait avec étonnement ses yeux assombris et les veines de son front qui se gonflaient.

— Bon Nicaise ! dit-elle attendrie. Ma grande sœur Hélène te mène rudement, pourtant, quelquefois.

— Ça ne fait rien ! repartit le fatout. J'aime mieux être rebourré par la demoiselle que bien traité par une autre !

Il recula comme effrayé et se donna un maître coup de poing au milieu du front, pensant :

— Bavard ! bavard ! autant monter sur le toit pour crier que tu as perdu la tête !

Mais Mariole pensait à ses propres affaires et n'avait pas le temps d'épier les battements de ce pauvre cœur.

— Tiens ta langue, dit-elle seulement. M. Ledoux est déjà plus qu'à moitié notre maître, et dans quelques heures il sera notre maître tout à fait. Je vas en haut passer ma robe.

Elle monta, leste et joyeuse, l'échelle qui conduisait à l'étage supérieur. Dès qu'elle fut dans sa chambrette, elle se mit à essayer sa robe neuve devant un petit miroir qui pendait à la muraille.

La robe allait bien, Dieu merci: le miroir ne pouvait pas dire le contraire Mariole souriait malgré elle. Tout à coup, un nuage passa sur son front d'enfant.

— La dernière fois, murmura-t-elle, il a dit : Je reviendrai demain, et voilà trois jours déjà, et il n'est pas revenu !... Lui est-il arrivé malheur?...

Dans la salle basse, Nicaise rangeait sa faïence et se disait :

— Il sera le maître ! lui ! M. Ledoux ! malheur ! Je ne suis pas assez brave pour me jeter dans l'Ornain avec une pierre au cou, non !... Et d'ailleurs, ce serait péché !

La porte s'ouvrit, un jeune homme à la mine dégagée, guêtré jusqu'au genou, avec un haut-de-chausses de drap gris et un pourpoint pareil, entra. Il jeta son feutre gris sans plumail sur la table, disant, selon la mode lorraine :

— Bonjour, jeunesse et ta compagnie !

— Bonjour, l'homme et la vôtre, répondit Nicaise, qui ajouta à part lui :

— Le beau braconnier n'a pas sa tuette aujourd'hui. M'est avis qu'il ne court pas après les chevreuils !

Le nouveau venu ôta un manteau court qu'il avait par-dessus son pourpoint, et approcha un escabeau de la cheminée.

— Beau temps d'affût ! dit-il en croisant ses pieds mouillés devant le feu. Donne une chopine de vin, jeunesse.

Pendant que Nicaise descendait à la cave, l'étranger se leva sur la pointe des pieds et alla sans bruit aux deux portes du

fond qui étaient entr'ouvertes. Il regarda et appela même à
voix basse :

— Mariole !

Mais Mariole était là-haut à essayer sa belle robe.

Nicaise pensait, en remontant l'escalier de la cave :

— Celui-là ne me déplait point trop, n'étaient ses mains
blanches. Il regarde droit !

— L'ami, dit le braconnier, qui emplit son verre, personne
n'est venu me demander depuis trois jours?

— Personne, monsieur Raoul, répondit Nicaise.

— Ah ! ah ! tu sais mon nom... Qui te l'a dit?

— La Poupette, pardié !

— Où est-elle la Poupette?

Nicaise, qui était retournée à sa faïence, répondit :

— On ne me l'a point donnée à garder, dà !

Le braconnier porta son verre à ses lèvres :

— A ta santé, jeunesse, dit-il avec bonne humeur, et à tes
fiançailles !

— La santé, merci, répliqua le fatout en rougissant jusqu'aux oreilles; mais je n'ai point de fiancée.

— Tant pis pour toi, jeunesse. As-tu vu ce matin deux
braves compères habillés comme moi... un peu plus mal?

— Il en vient assez ici, de braves compères, grommela
Nicaise, habillés comme ceci ou comme cela !

— L'un d'eux est boiteux de la jambe droite, poursuivit le braconnier; l'autre a un nez crochu comme un bec de
faucon.

— Je n'ai vu ni l'un ni l'autre, dit Nicaise.

— C'est bien, j'attendrai. Que dit-on de nouveau dans le
pays?

— Rien de bon.

— Est-ce toi qui es le maître ici?

— Non, répliqua le fatout avec un gros soupir, jamais ne
le serai.

— Et cette charmante enfant que tu nommes la Poupette?

— Non plus, pauvre petiote !

— Alors où sont-ils donc. les maîtres?

— Le père Olivat est dans son lit, pour jusqu'à l'heure de sa
mort... et la demoiselle....

— Ah ! mon gaillard ! s'écria le braconnier gaiement, tu as

rougi ! Il y a une demoiselle ! si tu n'es pas le maître aujour-
d'hui, tu peux l'être demain.

— Demain ! répéta Nicaise avec un frisson.

— L'homme, ajouta-t-il, ne rions pas, car j'ai bien de la
peine. Il me passe des envies de m'en aller d'ici. Dites-moi : le
métier que vous faites est-il un bon métier?

— C'est selon les caractères, jeunesse...

— On ne s'y gâte pas les mains, toujours !

— On y risque sa peau tout entière.

Nicaise sembla s'interroger, puis il dit franchement :

— Je n'aimerais point ce métier-là, l'homme.

Le braconnier se mit à rire. Nicaise tendit l'oreille pour
écouter des pas qui sonnaient dans le chemin.

— Oh ! oh ! s'écria-t-il en voyant la porte s'ouvrir violemment, poussée par un coup de pied, voilà les hérétiques !

— Mes deux coquins, pensa le braconnier à part lui.

— Le boiteux ! dit Nicaise, et le nez en bec de faucon :
vilaines pratiques !

Le braconnier quitta son siège.

— Sers à boire, ordonna-t-il, et laisse-nous.

Les deux « vilaines pratiques » traversaient déjà la salle
basse, le feutre sur l'oreille, le poing à la hanche, et se donnant
tous deux à l'envi des airs de gentilhomme. Le braconnier avait
dit vrai : ils étaient à peu près habillés comme lui, quant à
l'étoffe et à la couleur de leurs costumes, mais beaucoup plus
mal pourtant. attendu que leurs hauts-de-chausses et leurs
pourpoints s'en allaient en lambeaux. Le boiteux était un assez
beau drille qui portait la moustache blonde relevée et souriait
en vainqueur; il menait rondement son infirmité et marchait
vite, faisant sauter à chaque effort, c'est-à-dire à chaque pas,
le fourreau d'une vieille rapière, Il se nommait Rogue. Le bec
de faucon, qui avait nom maître Salva, avait le teint huileux, la
joue maigre et les cheveux plats. C'était, dans toute la force du
terme, un repoussant coquin.

— Comment allez-vous, mon camarade? demanda Rogue
en s'adressant au braconnier avec un fort accent anglais.

Et maître Salva ajouta d'une voix nasale qui sonnait son
juif portugais :

— Salut, senhor ! Il fait un froid de loup, ce matin, sur les
routes.

Nicaise, qui était déjà à la porte de la cave, se retourna aux accents étrangers de ces deux voix; il vit le braconnier tendre la main aux nouveaux venus et grommela :

— Compères et compagnons ! je n'aurais pas cru qu'un si joli garçon pût être avec les huguenots !

Dès qu'il eut passé le seuil, Rogue le boiteux et maître Salva, changeant de contenance, se découvrirent avec un certain respect.

— Monsieur le vicomte, dit Rogue en fort bons termes, vous êtes arrivé le premier; nous sommes honteux vraiment d'avoir fait attendre Votre Seigneurie.

— La route est longue, ajouta Salva moins noblement; la bourse est plate, et les émissaires de milord ambassadeur foisonnent tout autour de Bar-le-Duc.

— En avez-vous rencontré? demanda Raoul.

Nicaise rentrait, tenant à la main un broc; Rogue le boiteux répondit en se campant sur sa bonne jambe.

— Oui, camarade, plusieurs.

Nicaise déposa le broc sur la table, Raoul lui fit signe de sortir.

— Le Hollandais est-il dans le pays ! interrogea encore le braconnier, quand Nicaise fut parti.

— Monsieur le vicomte, répondit Rogue, nos gentilshommes, rassemblés à Dijon, pensent que mein herr Boër est resté à Paris, mais qu'il a ici un suppléant plus habile et surtout plus hardi que lui.

— Vous savez son nom?

— Tout le monde sait son nom, prononça rudement maître Salva. C'est un gaillard qui a fait parler de lui dans le monde ! c'est Pièrre Gadoche...

— Un bandit ! s'écria Raoul avec indignation; à la solde de l'ambassadeur d'Angleterre !

— Après?... dit Salva. Les honnêtes gens ne valent rien pour certaines besognes.

Rogue lui marcha lourdement sur le pied.

— Le fait est, Seigneurie, que c'est monstrueux ! dit-il en saluant et en portant son verre à ses lèvres. Je prends la liberté de boire à votre santé. On peut atténuer le fait cependant, et voici comme : cet infâme scélérat de Gadoche n'est pas à la solde de milord ambassadeur, mais bien à celle du Hollandais Roboam, qui a l'entreprise générale de l'arrestation du prince...

— Mein herr Roboam Boër n'est-il pas payé par milord? interrompit vivement Raoul.

— Et bien payé ! appuya le juif Salva avec emphase. Voilà des patrons ceux-là !

— Certes, certes, répliqua Rogue, mais....

— Demonios ! s'écria Salva en frappant la table de son verre vide, parlons affaire ! Les délicatesses de Sa Seigneurie ne me regardent pas. Chacun fait comme il peut, et si le diable m'offrait ses services, je ne le marchanderais pas. M. le vicomte ne me paraît pas voir le vrai côté de la question. Moi, j'ai la faiblesse de considérer l'affaire à un autre point de vue. Quand on a Piètre Gadoche contre soi dans une partie, on risque double et on doit être payé triple.

— Juste ! dit le boiteux avec son plus agréable sourire. J'avais la même pensée, quoique je l'eusse exprimée plus décemment. Le métier de courir dans ces misérables forêts du Barrois est dangereux...

— Vous serez payés richement, déclara Raoul, payés royalement ! Dites ce que vous savez, mes maîtres, car j'ignore tout, ayant passé ces trois jours à établir les relais d'ici jusqu'à Saint-Germain-en-Laye, de l'autre côté de Paris. Lequel de vous deux arrive de Verdun?

— Moi, répondit Salva.

— Parle.

— A Verdun, ces messieurs chantent, boivent et dansent. L'argent n'est pas commun dans le parti du Stuart. Il y en a qui s'ennuient; d'autres ont déjà pris la clef des champs.

— Lesquels sont partis?

— Lee, Seymour et le marquis de Quatre-barbes.

Raoul sourit et dit :

— Ceux-là, je sais où ils sont. Les autres?

— Le lord Arundel s'est battu en duel avec le laird de Liddesdale. Sir Thomas Harrington a la fièvre tierce : le vin de Moselle ne lui vaut rien. Les Écossais et les Irlandais se font des yeux de chien de faïence...

— Maître Salva, interrompit le boiteux poliment, M. le vicomte a déjà changé deux fois de couleur. Parlez avec plus de révérence, si vous voulez vous en retourner avec vos deux oreilles.

— Les partisans du roi Jacques, gronda le juif, ne savent-

ils point bailler d'autres étrennes à leurs valets? En un mot
comme en mille, Seigneurie, sauf le cadet de Bourbon-Courte-
nay, qui a le diable au corps, tout le monde s'ennuie et songe
à se débander. Je parie dix pistoles contre un écu qu'ils n'en ont
pas pour deux fois vingt-quatre heures à rester ensemble.

— Est-ce tout? demanda Raoul.

— C'est tout, répondit le juif.

Raoul se tourna vers Rogue et dit :

— Tes nouvelles sont-elles meilleures?

— Oui et non, monsieur le vicomte, répondit le boiteux : il y
a Bar-le-Duc et le château de Behonne.

— Voyons d'abord le château de Behonne.

— Superbe ! éblouissant ! un rayon de soleil ! Milady est plus
vaillante que les héroïnes du temps jadis !

— Noble et chère Marie ! murmura le vicomte Raoul.

— Elle est prête, elle répond d'elle-même, elle répond du roi...

— Et le roi? dit Raoul, qui baissa la voix malgré lui.

— Ah ! le roi, répondit le boiteux en secouant la tête, c'est
une autre paire de manches. Le roi est un aimable jeune homme,
qui aime chasser à courre et ouïr les messes en musique. Comme
on lui donne de la musique à toutes ses messes et que les
chasses du Barrois sont les plus belles du monde, le roi me paraît assez content de son sort.

— Lui as-tu parlé? demanda Raoul, dont les sourcils se
froncèrent.

— Entre la chasse et la messe, oui, monsieur le vicomte.

— C'est le roi, ne raille pas ! ordonna Raoul sèchement.

— Que Dieu m'en préserve ! c'est le roi. Je dis seulement, et
j'espère que Votre Seigneurie ne verra point là un défaut de
respect. que le noble sang des Stuarts ne brûle comme il faut
que les jours de bataille, à moins qu'il ne s'agisse de quelque
romanesque histoire, or, on prétend justement que Sa Majesté
a rencontré sur son chemin, dans la forêt, une enchanteresse,
une fée...

Le front de Raoul se rida.

— Depuis cette rencontre, acheva le boiteux, Sa Majesté est
ensorcelée et ne pense plus du tout, mais du tout à ses trois
royaumes d'Angleterre, d'Écosse et d'Irlande !

— Alors, dit Raoul d'un ton de sourde colère, tu n'as pas de
message pour moi?

— Si fait, Seigneurie. Le roi a souri fort amicalement, je vous jure, quand j'ai prononcé votre nom, et il a dit : Ah ! ah ! vive Dieu ! Raoul de Châteaubriand ! notre fidèle compagnon ! On n'oublie pas Châteaubriand-Bretagne...

Il s'arrêta court, parce que la main du vicomte s'appuyait sur sa bouche.

La porte extérieure venait de s'ouvrir, et un vieillard d'apparence vénérable entrait d'un pas pénible en s'appuyant sur un long bâton.

— Buvez, dit Raoul tout bas, et pas d'imprudence !

Rogue et Salva trinquèrent, lorgnant tous deux le vieil homme du coin de l'œil. Derrière leurs verres, ils échangèrent un regard.

— Holà ! valets ! appela le vieil homme d'une voix cassée.

Et quand Nicaise parut sur le seuil :

— Une demi-pinte de vin mieue, jeunesse !

Nicaise resta tout ébahi au son de sa voix.

— Va, jeunesse, reprit le vieillard avec bonhomie et en s'arrangeant devant le feu. Tu as beau me regarder, tu ne m'as jamais vu, mon fils. Je viens de loin, et je vas au pèlerinage de Saint-Guhain-de-Behonne pour ravoir mes jambes de vingt ans. Salut, mes maîtres et votre compagnie !

— Ce n'est pas lui ! murmura Rogue à l'oreille de Salva.

— Savoir ! répondit le juif, qui ajouta entre ses dents :

— On ne peut jamais dire de ce démon-là : Ce n'est pas lui !

III

COMMENT LE VIEUX PÈLERIN PORTAIT PLUS QUE SON AGE, ET
D'UNE EXPLICATION QUI EUT LIEU ENTRE LUI ET LES DEUX
COMPAGNONS DU VICOMTE RAOUL DE CHATEAUBRIAND-
BRETAGNE.

Voici le portrait de Jacques-Édouard-François Stuart, fils
de Jacques II, roi d'Angleterre, tracé d'après nature, par un
contemporain, bien longtemps après les événements que nous
racontons.

« Le chevalier de Saint-Georges est de grande taille; il a de la
maigreur; sa figure est mélancolique. Les alternatives d'espoir
enthousiaste et de découragement profond qui ont composé sa
destinée ont empreint sa personne d'une solennité qui excite la
compassion autant que le respect. Il semble le fantôme qu'une
imagination prévenue évoquerait pour se représenter Charles Ier
avec ses malheurs, moins ses fautes. Sans avoir absolument le
visage d'aucun des Stuarts, le chevalier a les traits frappants et
l'air fatal qui appartient à cette infortunée famille. Du moment
où je le vis, je n'aurais pu douter de la légitimité de sa naissance... »

Le portrait est d'Horace Walpole, qui, certes ne peut être
accusé de partialité jacobite.

Le trait final fait allusion au premier malheur du fils de
Jacques II, qui eut, en quelque sorte, la calomnie pour langes.
On l'insulta en effet dans son berceau, où les Whigs ne voulurent
jamais voir qu'un enfant supposé.

Si l'esquisse de Walpole manque de précision, comme tout ce
qu'il a touché, on y trouve du moins quelques coups de pinceau,
larges et hardis, qui ébauchent évidemment la ressemblance;
« l'air fatal » des Stuarts dit beaucoup et peint d'un mot cette
race si belle, si funeste en même temps à elle-même et à ceux

3

qui la chérirent, depuis Marie, ce miracle de beauté, blanche comme un marbre antique, malgré le sang de tant de tragédies, jusqu'au noble et chevaleresque Charles-Édouard, en passant par le royal martyr dont Cromwell tout-puissant n'osait pas contempler l'image.

Ils avaient « l'air fatal » tous et toutes, ces rois, ces reines, ces ducs, ces chevaliers, ces exilés, tous, jusqu'à Sa Très-Gracieuse Majesté la reine Anne, douce à son peuple, mais menteuse à son sang, qui laissa mettre à prix la tête de son propre frère !

D'autres historiens ont été beaucoup plus loin qu'Horace Walpole. Ils ont parlé de la noble apparence de Jacques Stuart, de ces connaissances étendues et de sa bravoure personnelle, dont il donna d'éclatantes preuves dans les guerres de Flandres, notamment à la bataille de Malplaquet. Plusieurs ajoutent qu'il était bon, intelligent, généreux et doué d'une piété aussi tendre qu'élevée. L'Angleterre n'a pas eu de saint Louis.

Les grands rois sont rares d'ailleurs à ce qu'affirme l'histoire. Il suffit d'être bon roi.

Ce n'était pas un prétendant ordinaire, et jamais prince, tirant l'épée pour reconquérir sa couronne, n'avait pu mettre en avant des droits plus manifestes. A la mort de Jacques II, son père, il fut proclamé roi par le roi de France, qui était Louis XIV, par le roi d'Espagne, par le duc de Savoie et par le pape. Le marquis de Forbin eut le commandement d'une flotte qui devait lui rouvrir les ports de ses Etats, et Louis XIV, faisant allusion à cette loi anglaise qui élève une muraille autour du souverain, lui dit au moment du départ :

— Sire, nous souhaitons ne jamais vous revoir.

Mais la tempête dispersa la flotte française : Louis XIV mourut ; la politique du régent, esclave de l'Angleterre, donna pour premières étrennes au roi protestant, Georges de Hanôvre l'ordre d'expulsion du prétendant catholique, qui trouva une hospitalité indifférente à Bar-le-Duc, dans les Etats de Léopold de Lorraine.

Il n'y aura point de politique dans ce récit où un drame privé se mêle de lui-même à des événements historiques. Nous jugeons seulement nécessaire d'ajouter quelques mots pour la clarté de notre exposition.

Jacques Stuart était né à Londres en 1688. Il atteignait par conséquent, en 1718, sa trentième année. Les déceptions de sa

vie n'avaient pont usé en lui cette jeunesse de caractère qui
semblait être l'apanage de sa famille; au contraire, ses partisans lui reprochaient d'avoir gardé en lui de l'enfant, et cette
condition se traduisait énergiquement dans son apparence
extérieure. A première vue, malgré sa haute taille, on ne lui
aurait pas donné plus de vingt ans.

Quoique Jacques Stuart eût fourni des preuves d'ambition
dans sa vie, il n'était point ambitieux. Son rôle de prétendant
était pour lui un devoir souvent pénible et auquel il essaya plus
d'une fois de se soustraire. Les préoccupations politiques le
fatiguaient et il perdait aisément espoir.

Mais d'autres ambitions veillaient autour de lui, il avait des
amis remuants, des ennemis implacables. Le lion est lion,
même quand la captivité a usé ses ongles, même quand la
paresse a refroidi l'ardeur de son sang : je voudrais dire davantage : le roi ne peut jamais cesser d'être roi.

La haine ombrageuse du roi protestant, que l'histoire accuse
de s'être déshonoré jusqu'à proposer un prix pour l'assassinat
de son compétiteur si profondément vaincu, contribua ici à réveiller le lion endormi autant et plus que les excitations des
partisans de la dynastie catholique.

Au moment où nous sommes, la situation était exactement
telle que nous allons l'exposer en deux lignes.

Le lion dormait encore, mais l'Écosse s'agitait, cherchant un
chef, et la vieille haine française prenait, dans l'ombre, sa
revanche des complaisances que la cour du régent montrait au
gouvernement anglais.

D'un autre côté, l'ambassadeur d'Angleterre, John Dal-
rymple, deuxième comte Stair, diplomate habile et habile
homme de guerre, qui avait été l'un des lieutenants les plus ap-
préciés de Marlborough, comptant sur l'appui docile de l'abbé
Dubois, entretenait à la frontière de Champagne une véritable
armée de coupe-jarrets, dont la mission avouée était de mettre
un terme, fût-ce par la violence, aux inquiétudes de la dynastie
protestante.

Soit que le comte Stair outrepassât ainsi ses instructions, soit
qu'il agît selon la volonté de son maître, il est certain qu'il y
avait là une organisation établie dont l'assassinat était le but.
Les mémoires du temps, à ce sujet, sont tous d'accord avec
l'histoire.

Aussi avons-nous eu raison de dire que le lion, — pauvre lion peut-être, — allait sortir de son sommeil, éveillé par ses ennemis, plus encore que par ses amis.

C'étaient des amis, ou du moins des serviteurs de Stuart les trois compagnons que nous avons laissés ensemble à l'auberge du père Olivier : Raoul, un noble jeune homme, dévoué au malheur et passionné pour les aventures; Rogue et Salva, deux instruments mercenaires, choisis dans les bas-fonds où ces sortes d'instruments se trouvent et se vendent.

Quant au vieil homme qui s'en allait en pèlerinage à Saint-Guhain de Béhonne pour retrouver ses jambes de vingt ans, il ne ressemblait point à un personnage politique.

En lui apportant son vin miellé, Nicaise, le bon fatout de la grande Hélène, regarda encore le vieillard qui présentait à la chaleur du foyer ses pieds tremblotants.

Le vicomte Raoul et ses deux subalternes avaient repris leur conférence, mais à voix basse. Rogue, le boiteux, rendait compte de son entrevue avec Jacques Stuart.

— Quant à cela, disait-il, le brave prince se souvient de Votre Seigneurie, et que vous avez couru ensemble le cerf à Saint-Germain, et que vous chantiez des motets avec une voix claire, comme les anges de la chapelle Sixtine à Rome. Il est encore tout prêt ou à chanter ou à chasser avec vous, si c'est votre plaisir. mais quant à passer en Écosse pour faire la guerre...

— Il t'a dit quelque chose à ce sujet? demanda Raoul.

— Non en vérité! l'idée ne lui en vint même pas. Il m'a montré le banc qu'on lui sculpte au chœur de la collégiale, des fleurs qu'il sait peindre à miracle, et le plus grand pot de confitures de groseilles que j'ai vu jamais...

— Savez-vous, mes maîtres, demanda en ce moment le vieillard, qui mêlait son vin miellé avec soin, combien j'ai encore de chemin à faire pour aller jusqu'à la chapelle de Saint-Guhain?

— Deux lieues, répondit Salva, et reste à ton à part, l'homme. Nous n'avons pas d'affaire avec toi.

Le vieillard but une lampée et reprit :

— Que Dieu vous bénisse, mes bons maîtres! Je n'ai pas le désir de me mêler à votre entretien.

— Et pour le rendez-vous que je sollicitais, reprit en ce

moment le braconnier qui serrait sa ceinture en homme qui va
reprendre sa route, qu'a répondu le roi?

— Qu'il aurait grande joie à vous voir, Seigneurie.

— Ah ! fit Raoul.

— Pourvu, continua le boiteux, que vous ne vous avisiez
point de lui rompre les oreilles avec des balivernes de batailles
ou de conspirations, comme Harrington, qu'il a envoyé promener, et le marquis de Quatrebarbes, qu'il a prié d'aller à
Rome voir ce qu'on y disait de Paris.

Raoul prit son feutre sur la table.

— Si tu as suivi mes instructions, maître Rogue, dit-il, le
rendez-vous est pour ce soir. Dis le lieu et l'heure.

— Avant que Votre Seigneurie nous quitte, fit observer le
boiteux avec une courtoisie affectée, ce bon garçon et moi nous
serions particulièrement flattés d'avoir un à-compte sur nos
petits bénéfices.

Raoul tira sa bourse qui était longue, mais singulièrement
amaigrie et légère. Rogue et maître Salva ne cachèrent point
leur dédain. Raoul leur offrit à chacun deux pièces d'or.

— Rien que cela ! s'écrièrent-ils d'une même voix.

— Prenez toujours, imbéciles ! grommela le vieux pélerin
au coin du feu.

Il riait dans sa barbe ce vieil homme, mais voir comme il
buvait son vin miellé avec plaisir, on n'aurait point dit qu'il
s'occupait des affaires des autres.

— Mes maîtres, répliqua Raoul avec impatience, si nous
étions aussi riches que le Roi George...

— Vous n'auriez pas besoin de gens comme nous, n'est-ce
pas, Seigneurie? interrompit le boiteux en raillant. Il y a du
vrai là dedans, maître Salva, qu'en dites-vous? on nous paye
selon nos chausses.

Le juif avait déjà empoché les deux doubles pistoles qui lui
revenaient.

— Quand aurons-nous le reste? demanda-t-il.

— A Paris, dans trois jours, répondit Raoul.

Le vieil homme ne put retenir un tressaillement et répéta
en lui-même :

— Dans trois jours ! à Paris !

Et il ajouta :

— Alors dans une semaine à Londres !

Il resta tout pensif, ce bon vieux pèlerin, oubliant d'avaler le fond de sa demi-pente.

Pendant cela, Rogue s'était rapproché du braconnier et lui avait parlé bas à l'oreille. Pour la seconde fois, le pèlerin tressaillit. Parmi les paroles ainsi prononcées, il avait saisi un nom : la Cavalière.

— Tout est au mieux ! dit Raoul, qui jeta son manteau sur ses épaules. Il n'y a pas plus d'une demi-heure de marche d'ici jusqu'à la Croix-Aubert où est le roi. Soyez prêts ce soir et vous n'attendrez pas longtemps votre récompense.

Il sortit. On entendit bientôt son pas alerte et vif résonner sur la terre glacée.

Rogue et maître Salva, qui l'avaient reconduit jusqu'à la porte, revinrent en soufflant dans leurs doigts. Le vent du dehors piquait et coupait. Ils regardèrent tous deux le vieux pèlerin qui leur tournait le dos. Tous deux avaient la même pensée.

— Maître ! dit Salva, en s'adressant à lui.

Le pèlerin se retourna lentement et fixa sur eux des yeux étonnés.

— Ce n'est pas lui ! dit Rogue, mais on croit le voir partout !

— Est-ce bien sûr que ce ne soit pas lui ? grommela Salva. Il nous en a fait voir bien d'autres !

Le pèlerin les regardait bonnement, et disait :

— J'ai cru que vous me disiez comme ça : « maître ! » et ça m'étonnait.

— Ce n'est pas sa voix ! murmura Salva.

— Ce n'est pas son œil. repartit Rogue.

— Et il a bien deux pouces au-dessus de cela.

— Vous vous êtes trompé, vieil homme, ajouta tout haut le juif. Ce n'est pas à vous que nous disions : « maître... »

Comme ils regardaient leur table, le pèlerin répondit :

— C'est dommage, mes compagnons : j'aurais aimé causer un peu avec vous d'amitié.

Ils s'arrêtèrent tous deux brusquement et se retournèrent. De nouveau, le vieillard leur présentait son dos voûté où tombaient les mèches de ses cheveux blancs.

— Il a la taille qu'il veut ! dit Salva.

— Il change de voix comme de chemise ! ajouta Rogue.

— Et je ne lui ai jamais vu deux fois de suite les mêmes yeux.

Ils revinrent à pas de loup vers la cheminée et se posèrent à droite et à gauche du vieux pèlerin, qui partagea entre eux un regard de naïve surprise.

— Mes compagnons, dit-il avec une terreur sénile, avez-vous de mauvais desseins contre moi?

— C'est lui! s'écria le boiteux. J'en jurerais!

— Lui, qui? demanda le vieillard si naturellement que le juif déclara :

— Ce n'est pas lui, j'en ferais serment!

— Alors, mes enfants, dit le vieil homme. vous cherchez quelqu'un qui me ressemble?

— C'est lui! dit Salva à son tour. Nous savons d'avance qu'il est dans le pays!

Le boiteux haussa les épaules en homme sûr désormais de son fait.

— A nos affaires! dit-il, nous sommes fous! Ce n'est pas lui!

— C'est lui! ce n'est pas lui! répéta le vieillard, imitant tour à tour avec une perfection incroyable l'accent anglais de Rogue et l'emphase nasale du juif portugais. Par saint Guhain qui guérit la goutte, on vous la baillait pourtant belle! C'est moi, mes fils bien-aimés, c'est moi en personne!

— Vous, qui? demandèrent à la fois les deux aventuriers.

— Piètre Gadoche, hommes de peu de foi! répondit le pèlerin en baissant la voix, Piètre Gadoche, votre excellent patron!

Rogue et Salva reculèrent saisis d'une sorte de terreur. Ils croyaient et ils doutaient à la fois. Le prodigieux talent de comédien que possédait cet homme allait contre sa propre assertion. Tout en prononçant distinctement son vrai nom, il se donnait une voix si différente de la voix qu'on lui connaissait, il décomposait ses traits si habilement, il sophistiquait d'une façon si étrange son regard, son sourire, toutes les choses qu'on n'altère point; il se transfigurait en un mot avec un succès si complet, que le boiteux et le juif étaient tentés de lui dire : Vous mentez!

Il jouissait évidemment de leur embarras.

— Je vais être obligé de vous donner des preuves, hein? mes compagnons, reprit-il, trahi par son orgueil d'artiste, car il paraît que mon talent ne baisse pas ! Cherchez voir vos pistoles de tout à l'heure.

Les deux aventuriers tâtèrent précipitamment leurs poches, où les pistoles de Raoul n'étaient plus.

— Ah ! patron ! s'écrièrent-ils d'une seule voix. Vos mains cependant sont toujours restées à plus de deux pieds de nos goussets !

— Et le vulgaire stupide parle de Cartouche ! prononça Piètre Gadoche avec une dignité pleine d'amertume. Et la postérité aveugle mettra peut-être son nom au-dessus du mien !

Il leur tendit, d'un geste loyal, ses mains, que le boiteux et le juif pressèrent contre leurs lèvres émues.

— Patron, dit Rogue, on vous disait pendu.

— Pendu ! répéta Piètre scandalisé.

— Roué, plutôt, roué vif ! rectifia maître Salva.

— A la bonne heure ! Pensez-vous qu'on eût oublié à ce point les plus simples convenances?

— Comment va votre dernière femme, patron?

— Elle me pleure.

— Et que faites-vous dans ce pays perdu?

— Je m'y marie, mes enfants.

Rogue et Salava éclatèrent de rire.

A mesure qu'il parlait, le faux pèlerin avait enlevé d'une main sa perruque blanche, de l'autre sa barbe vénérable; il se montrait tout à coup sous l'aspect d'un jeune homme à l'air doux et fin, dont l'œil voilé avait de ces reflets dorés qu'on remarque dans la prunelle du tigre.

C'était bien là le propre visage de Piètre Gadoche. Les deux aventuriers, pris d'un respectueux enthousiasme, se découvrirent.

— Bien, mes enfants, bien ! dit Piètre qui remit d'un temps sa chevelure et sa barbe. On me connaît dans cette honnête maison... plus qu'on ne pense même, car j'ai favorisé ce pays-ci de ma présence déjà une fois, voilà cinq ans, et j'y ai laissé quelques légers souvenirs. C'est un climat qui me va, surtout l'été; je m'y porte généralement bien, mais maintenant que voici la bise venue, je songe à m'envoler vers de plus douces latitudes.

— Et ne faisiez-vous pas autre chose que vous marier, ici, patron? demanda le juif.

— Si bien, mon fils. J'y avais un petit emploi de confiance...
et, en outre, je représentais une forte maison.

— Une maison de quoi, patron?

— Une maison de tout, mon fils. Je ne saurais, en vérité,
trouver ce qu'on n'y vend pas.

— Et le chef de cette maison a nom?

— George de Hanovre, roi d'Angleterre.

Le boiteux et le juif clignèrent de l'œil en se regardant.

— Je sais, je sais, dit Piètre, vous servez l'autre, le Stuart.
Mes enfants, je ne vous désapprouve pas. Il n'y a point de sot
métier, pourvu qu'on soit payé comme il faut.

— Hum! fit Salva. Payé comme il faut!

— On promet bien... ajouta Rogue.

— Mais on ne tient pas? interrompit Gadoche. J'avais cru
m'apercevoir de cela. Pauvres enfants? Deux louis chacun pour
trois jours de course dans une forêt où vous risquez votre vie à
chaque pas!

— Nous risquons donc notre vie, patron? demanda le juif.

— Dame, mon fils, le roi d'Angleterre paye bien, et il est
bien servi.

— Et... dit le boiteux; voyons, ne pourrait-on pas changer
de régiment?

— Comme qui dirait pour ne pas nous combattre les uns
les autres, expliqua le juif.

— J'entends bien, vous êtes fidèles comme l'or, vous
autres, et il vous faut de bonnes raisons pour retourner votre
casaque... mais c'est le diable, mes bijoux, mon cadre est au
complet.

— Comment! se récrièrent à la fois nos deux subalternes:
des vieux camarades comme nous!

— Avez-vous oublié, patron, que nous avons monté ensemble sur les planches, à Londres! ajouta Rogue.

— Ils me sifflaient, les brutes! gronda Piètre.

— Avez-vous oublié, reprit Salva, que nous avons travaillé
de compagnie sur le Pont-Neuf?...

— A la solde de Cartouche! je m'en souviens... L'orgueilleux
idiot! il se croyait plus fort que moi!

— Tenez, patron! s'écria le boiteux, demandons une
pinte de vin des Canaries et faisons une affaire, le verre à la
main!

Rogue levait déjà le broc pour en frapper la table, lorsque Piètre l'arrêta d'un geste impérieux.

— La paix ! dit-il. N'appelons personne. Il y a temps pour tout; nous boirons ton vin des Canaries une autre fois. Les gens de cette auberge nous laissent tranquilles; je sais parfaitement pourquoi. Il y a de l'occupation ici aujourd'hui et chacun travaille aux préparatifs d'une touchante cérémonie qui doit avoir lieu cette nuit. Vous en serez si vous voulez mes enfants.

— Quelle cérémonie?

— Un mariage, parbleu !

— Votre dixième? dirent les deux aventuriers en riant.

— Je ne compte plus... vous connaissez mon horoscope : je dois épouser à la fin des fins une femme millionnaire.

— Est-ce celle-ci?

Gadoche ne répondit que par un geste de dédain.

— Est-elle au moins trouvée, la millionnaire? demanda Rogue.

— Peut-être bien, ne plaisantons pas !

— S'il s'agit de bien manger et de bien boire, commença le boiteux, nous en sommes !

— C'est cela ! vous verrez, la fiancée est un beau brin de fille !

— Ah ! ah ! s'écria Rogue, c'est un mariage d'inclination !

— Fi donc ! répliqua Gadoche : une simple aubergiste ! mais avez-vous cru vraiment qu'il s'agissait de moi? C'est un jeune homme que je protège, un collecteur des gabelles, M. Ledoux. Venez çà, tous deux, et écoutez. Vous êtes du parti des Stuarts...

— Entendons-nous ! voulut dire Salva.

— Tais-toi ! penses-tu avoir affaire à un M. Cartouche? Ce malheureux rabaisse la profession : moi, je l'élève, voilà la différence. Vous allez voir comme j'entends la politique. Moi, je suis tout uniment le bras droit du roi d'Angleterre pour le moment.

Les deux subalternes étaient tout oreilles.

— En effet, poursuivit Gadoche : le roi d'Angleterre a donné sa confiance à milord ambassadeur, qui a donné sa confiance à Roboam Boër, qui m'a donné sa confiance...

— De sorte que, de fil en aiguille... ricana Rogue.

— Tais-toi. Le roi d'Angleterre a promis quatre cent mille livres sterling à lord Stair, lord Stair s'est arrangé avec Roboam Boër au prix fixe de cent mille livres sterling...

— Le quart ! rien que le quart !

— Un joli quart, mon fils : deux millions cinq cent mille livres tournois. Roboam Boër s'est arrangé avec moi...

— A quel prix? demanda le boiteux.

— Si on t'interroge à ce sujet, mon enfant, repartit Gadoche, je t'autorise à répondre que tu l'ignores complètement. La chose certaine, c'est que Roboam Boër est riche comme un puits, lord Stair plus riche que Roboam, le roi plus riche que lord Stair : cela fait donc trois garanties. Et pourtant, il y a une chose également incontestable, c'est que si le Stuart parvient à passer en Écosse et gagne seulement une couple de batailles, nos actions tombent à vau l'eau. Or, je n'aime pas les opérations qui ont de pareilles alternatives. Je veux bien ne plus être un vulgaire détrousseur et faire de l'histoire, comme mes capacités m'y convient, mais je veux agir à coup sûr, et je vous ai choisis tous deux, mes chers enfants, pour me représenter dans le parti des Cavaliers. Nous pousserons là notre pointe, le cas échéant, et nous vendrons George à Jacques, un de ces quatre matins, si la destinée nous empêche de vendre Jacques à George. Est-ce bien imaginé?

— Qu'est-ce qu'il y a à gagner? interrogea le juif. J'entends pour nous.

— Éventuellement...

— Non; j'entends le fixe.

— Deux cents pistoles pour chacun, c'est moi qui paye.

— Et vous êtes en fonds, patron?

— Je n'ai pas un écu !

— Alors... commença le boiteux.

— Vous ai-je quelquefois promis sans tenir ! demanda Gadoche sévèrement.

— Non, mais...

— Pas de mais !... ou je retire l'ordre que j'ai donné à mes affûteurs de vous laisser passer sous bois en franchise.

Rogue et Salva pâlirent.

— Patron, murmura le premier, vous nous saviez donc dans le canton !

— Mon fils, répliqua Pîètre Gadoche avec complaisance,

pour mener à bien la partie que je joue, il faut un certain talent, et je ne me crois pas trop au-dessous de mon rôle. Je vous ai protégés jusqu'à présent, mes amis, non pas pour vos beaux yeux, quoique je vous aime tendrement, mais parce que j'espérais trouver en vous des auxiliaires utiles. S'il en est autrement, je vous engage à veiller sur vous-mêmes : la forêt est épaisse et les braconniers sont imprudents. On peut prendre un brave Anglais ou un honnête Portugais pour un chevreuil...

— Je tope, pour ma part ! dit précipitamment Salva.

— Moi de même ! ajouta Rogue.

Piètre Gadoche leur adressa tour à tour un signe de caressante approbation.

— Et bien vous faites, mes anges, conclut-il. L'explication que nous venons d'avoir me mettait, vis-à-vis de vous, dans une position délicate; je crois que mes affûteurs se seraient trompés dès cette nuit !

Il leur tendit ses mains cordiales, que les deux subalternes pressèrent avec respect.

IV

— Voilà qui ɩt réglé, patron, reprit le boiteux. Nous
sommes à vous des pieds à la tête comme dans le bon temps...
mais je voudrais bien vous adresser une question.

— A ton aise, mon fils, repartit Gadoche avec bonté. J'y
répondrai si je veux.

— Pourquoi vos affûteurs ne se sont-ils pas trompés déjà
au sujet du prince Jacques Stuart qui chasse sept jours par
semaine dans la forêt?

— Oui, appuya maître Salva; pourquoi? Je serais curieux
de savoir cela.

Piètre laissa errer sur ses lèvres un sourire de haute supé-
riorité.

— Pas mal, dit-il, pas mal. Voilà des questions qui prouvent
une certaine jugeotte... Vous souvenez-vous de ce pauvre Piédebœuf?

— Le lieutenant de Cartouche? parbleu !

— Il était prisonnier. On ne pouvait pas le condamner,
faute de preuves, et pourtant on voulait se débarrasser de lui.
Un soir, il trouva trois belles petites limes d'horloger dans un
pain. Il bénit ses amis fidèles, scia ses barreaux en un tour de
main et prit la clef des champs. Dans les champs, il trouva
des soldats de la maréchaussée qui, certes, auraient été bien
incapables de lui enlever un cheveu dans sa prison. « Holà, Piédebœuf, coquin ! Tu t'évades ! Arrête ou tu es mort ! » Il fit
un crochet et voulut gagner le taillis, mais les soldats avaient
leur consigne. « Arrête, Piédebœuf ! une fois, deux fois, trois
fois ! » Pan, pan, pan ! Plus de Piédebœuf ! Avez-vous saisi.

— Le prince n'est pas prisonnier, objecta Rogue.

— Si fait bien, repartit Gadoche. Sa prison est seulement plus longue et plus large que celle du pauvre Piédebœuf. Aussi, au lieu de lui envoyer trois limes d'horloger dans son pain, ses amis fidèles lui amènent de bons chevaux. La grille de son cachot, c'est la frontière : aussitôt la frontière passée : « Arrêtez, mon prince ! une fois, deux fois, trois fois... »

— Et pan, pan, pan ! fit Salva. Moi. je comprends très bien. Est-ce que les amis fidèles du prince s'entendent avec vous, patron?

Au lieu de répondre, Piètre Gadoche remit précipitamment sa perruque et sa barbe. Un léger bruit venait de se faire entendre dans la salle basse, mais personne n'aurait su dire d'où il partait. Le regard aigu du bandit fit le tour de la chambre.

— Braves étrangers, dit-il, en prenant de nouveau sa voix cassée et en voûtant son épine dorsale, chacun connaît le pouvoir du grand saint Guhain. Revenez ici, ce soir, et vous serez convaincus. Vous avez vu passer un pauvre vieux qui peut mettre à peine ses jambes tremblantes l'une devant l'autre, vous verrez revenir un gaillard allègre et léger...

— C'était le vent, patron, interrompit le boiteux. Ne vous fatiguez pas à jouer la comédie.

Le vent d'hiver sifflait en effet dans le tuyau de la cheminée et faisait battre les volets. En prêtant l'oreille, on entendait à l'intérieur de l'auberge des éclats de rire et d'autres bruits joyeux.

— Était-ce le vent? grommela Piètre avec défiance. Il fait froid pour causer dehors... mes enfants, parlons bas et finissons vite.

— Qu'avons-nous à faire? demanda Salva. Nous sommes prêts.

— Vous avez déjà fait beaucoup, sans vous en douter, puisque la fuite de Stuart est résolue...

— La fuite n'est pas résolue. répliqua Rogue. Vous n'avez donc pas écouté ce que nous disions tout à l'heure?

— Avec ce beau jeune M. Raoul ! J'ai fait de mon mieux, mais bien des choses m'ont échappé.

— M. Raoul est en ce moment à la Croix-Aubert chez le Stuart.

— Je sais cela.

— Il essaye de le décider...

— A être roi? Il hésite? Peste ! alors, c'est cher, deux millions cinq mille livres !... Voilà votre consigne : aller à la Croix-Aubert; savoir la décision de Jacques Stuart, et au cas où il se déterminerait à tenter l'aventure, savoir quel jour sera fixé.

— Oh ! dirent à la fois le boiteux et le juif, le jour est fixé, l'itinéraire est tracé, les relais sont préparés.

Piètre ne cacha point sa surprise.

— Diable ! diable ! dit-il, c'est si avancé que cela ! M. Raoul va vite en besogne.

— Ira-t-il loin? demanda le juif avec un sourire sinistre.

Dans le silence qui suivit, on entendit un bruit sonore. C'était comme un cri étouffé.

— Ce n'est pas le vent ! prononça Piètre entre ses dents serrées.

Il se leva et frappa la table de son bâton.

Pendant cela, les deux subalternes s'étaient rapprochés des portes intérieures et prêtaient l'oreille. Salva visita l'escalier qui montait au premier étage. D'un côté ni de l'autre ils ne découvrirent rien qui pût motiver leurs inquiétudes.

— Jeunesse, dit le vieux pèlerin à Nicaise qui venait à son appel, voilà un écu, je paye ma demi-pinte de vin miellé et le broc de ces deux braves garçons qui vont me soutenir et me guider jusqu'à la chapelle de Saint-Guhain.

Nicaise compta la monnaie en jetant un regard de côté aux deux braves garçons et pensa :

— Pourvu qu'ils ne l'étranglent pas en route !

Nos trois compagnons sortirent, Rogue et Salva tenant le pèlerin sous les bras. Ils suivirent la route de Verdun; mais au premier coude, ils tournèrent et s'enfoncèrent sous bois.

— Mes camarades, dit tout à coup Piètre Gadoche, je ne m'attendais pas entrer sitôt en danse. Je suis pris de court. Je compte sur une rentrée de sept cents louis d'un jour ou l'autre; mais, si nous sommes forcés de voyager cette nuit, il faut battre monnaie tout de suite. Séparons-nous ici. Allez à la Croix-Aubert, et bon pas ! moi j'ai mes affaires. Au cas où vous auriez quelque chose de nouveau, je vous donne rendez-vous ce soir à huit heures, à l'auberge du Lion-d'Or, d'où nous sortons.

— Patron, dit Salva, les murs de cette baraque avaient peut-être des oreilles; je n'aimerais pas rentrer là dedans.

— J'y rentrerai bien, moi ! dit Gadoche. D'ailleurs, personne ne vous verra. Il y aura du monde plein la grande salle pour la noce, mais dehors, personne; tournez la maison et frappez à la porte de derrière : ce sera un ami qui vous ouvrira.

— Et il y aura de la besogne, patron?

— Une affaire de sept cents louis d'or, mes camarades.

En un tour de main, il enleva sa barbe et sa perruque dont il fit un paquet; il jeta sa vieille houppelande sur son bras, montrant ainsi sa taille leste et musculeuse. L'instant d'après il s'éloignait dans la direction de Bar-le-Duc, à travers bois, d'un pas si rapide, qu'un cheval au trot aurait eu peine à le suivre.

Nicaise, resté seul dans la salle basse de l'auberge, était en train de remporter le broc et les verres en songeant aux vilaines figures qui rôdaient maintenant dans le pays, lorsqu'il entendit un pas mal assuré qui trébuchait au haut de l'échelle. Sa qualité principale n'était pas d'être brave. Le jour commençait à se faire gris dans cette vaste chambre aux murs sombres et enfumés. Nicaise frissonna avant de se retourner.

Mais dès qu'il eut jeté son regard timide à l'endroit d'où le bruit partait, il lâcha broc et verres et ne fit qu'un saut jusqu'au pied de l'escalier où il arriva juste à temps pour recevoir Mariole demi-pâmée.

— Qu'avez-vous, la Poupette? demanda-t-il en tremblant tout à fait, car la terreur qui décomposait les traits de l'enfant le gagnait comme une contagion.

Mariole se laissa aller dans ses bras et ferma les yeux en murmurant :

— Seigneur Dieu ! Seigneur Dieu ! ayez pitié de nous !

— Qu'avez-vous, la Poupette? répéta le fatout dont les dents claquèrent. Ne faut pas jouer avec moi pour les peurs, vous savez bien; on ne se fait pas. Rien qu'à vous voir comme ça, j'ai envie de vous lâcher et de m'en sauver. La demoiselle est brave, elle; je vas aller chercher la demoiselle !

— Non, non ! reste ! dit Mariole qui se cramponna à lui. Je ne veux pas que ma sœur sache cela... elle n'aime pas le roi.

— Le roi ! répéta Nicaise ébahi. Est-ce que la folie prend la petiote?

— Ce sont des assassins ! balbutia Mariole qui faisait effort pour parler et qui tressaillait entre ses bras, prise par une violente attaque de nerfs.

Nicaise fut le point de la laisser tomber, mais il se redressa tout à coup et demanda d'une voix virile :

— Est-ce la demoiselle qu'ils veulent assassiner?

Mariole passa ses deux mains froides sur son front.

— Non... non, dit-elle encore.

Puis elle ajouta en un cri d'épouvante.

— Il faut le sauver ! je t'en prie Nicaise, sauve-le !

— Sauver qui, petiote? demanda le fatout qui, la voyant pâlir encore et la sentant plus lourde à porter, se mit à frapper dans le creux de ses mains.

— Écoute, dit-elle. J'étais là.

Elle montrait le haut de l'échelle où il y avait un petit carré encombré d'ustensiles rustiques.

— Je venais chercher ma sœur, et quand je les ai vus, je me suis cachée.

— Le pauvre vieux et les deux coquins ! s'écria Nicaise. Je suis bête ! c'est le vieux qu'ils vont assassiner !

Il fit un mouvement pour s'élancer dehors; elle le retint avec force.

— Reste ! reste ! supplia-t-elle. Je te dis qu'il faut le sauver ! Celui dont tu parles n'est pas un vieillard.

— Qui ça? le vieux? Par exemple !

— C'est plutôt un bandit déguisé...

— Ne me dites pas ça, la Poupette ! s'écria le fatout avec détresse. Il y a des choses comme ça dans les histoires de voleur. Je n'ai plus de jambes, moi, tenez !

Ses genoux se choquaient. Des pieds à la tête toute sa personne exprimait la peur poussée jusqu'à la défaillance.

— Jarnigodiche ! gronda-t-il en se donnant un coup de poing au travers du visage, dans des états comme ça, tu ne pourrais seulement pas défendre la demoiselle, poule mouillée ! poule mouillée !

Mariole se remettait plus vite que lui.

— Je suis sûre que tu as du cœur, au fond, mon pauvre Nicaise, dit-elle avec caresse. Mais écoute-moi et ne m'interromps plus. Vois-tu, si le malheur arrive, je sens que j'en mourrai !

4

— Et que dirait la demoiselle ! pensa tout haut Nicaise. Mais que! malheur?

— J'étais donc là. Ils causaient tous trois de choses terribles, réunis près du feu comme compères et compagnons...

— Les coquins ! intercala Nicaise.

— J'ai fait un petit peu de bruit en repoussant la porte. Le pèlerin me tournait le dos; je n'ai pas pu apercevoir son visage. J'ai vu seulement qu'il n'avait pas de barbe et que ses cheveux étaient noirs...

— Les brigants ! gémit le fatout.

— Ses vrais cheveux, reprit la jeune fille, car il a remis précipitamment sa perruque blanche et sa grande barbe.

— Bonté du ciel ! Avaient-ils beaucoup de pistolets?

— Je n'ai vu aucun pistolet. J'étais tout oreilles, parce que j'avais saisi au passage le nom de M. Raoul...

— Et celui-là vous intéresse? comme moi la demoiselle?...

Un second coup de poing, délivré par lui-même, châtia Nicaise de cette lourde indiscrétion.

— J'ai écouté, continua Mariole, mais je n'ai pas tout entendu, parce qu'ils se méfiaient et qu'ils parlaient bien bas. Je sais seulement que M. Raoul est à la Croix-Aubert et qu'ils vont le tuer. Nicaise, mon bon Nicaise, veux-tu me rendre un service?

Nicaise regarda au dehors où la brume tombait.

— Veux-tu aller à la Croix-Aubert? poursuivit Mariole suppliante.

Un coup de vent fit trembler le châssis de la croisée, et Nicaise répondit du fond du cœur :

— Pour ça, non, la Poupette. je ne veux point y aller !

Mariole se laissa tomber sur un siège, découragée. Nicaise reprit, abondant dans son propre sens :

— Une demi-lieue de pays au plus épais de la forêt, des routes du diable, un froid de loup; le temps se couvre, la neige va tomber. Avant un quart d'heure la nuit sera toute noire. Et il faudrait revenir ! le plus souvent que j'irai courir la pretentaine à des heures pareilles ! Sans parler des voleurs qui grouillent là dedans comme le poisson dans l'eau... et des malvoulants qui rôdent pour ou contre ce chevalier de Saint-Georges... et des sangliers... et des revenants ! Je ne suis point gagé ici pour ça, la Poupette, et d'ailleurs, dans une heure d'ici, la noce va arriver. Ah ! si c'était pour empêcher la noce !...

Ceci fut dit si bas que Nicaise se sourit à lui-même, content d'avoir acquis enfin de la prudence. Mariole pleurait à chaudes larmes.

Le fatout n'osait pas la regarder, mais il l'entendait sangloter et cela le mettait en colère.

— Est-ce que ce M. Raoul m'est de rien? s'écria-t-il avec un brusque emportement. Et qui trempera la soupe? Je devrais être à la cuisine, c'est sûr, au lieu de bavarder ici. Et qui donnerait à boire aux ménétriers? Et qui répondrait à la demoiselle si elle demandait ceci, cela ou l'autre? Faut être raisonnable, la Poupette; ça n'a pas de bon sens seulement d'y penser.

Mariole essuya ses yeux tout à coup et se leva disant :

— Tu as raison, mon bon Nicaise, je vais y aller moi-même.

Le fatout recula de plusieurs pas.

— Vous ! s'écria-t-il.

Puis il resta comme suffoqué. Mariole mettait un fichu sur sa tête.

— Vous ! répéta Nicaise. La Poupette ! la chérie à la demoiselle Hélène ! La nuit ! par la glace et le vent ! quand on parle d'assassins ! vous ! ah ! dame ! ah ! dame ! c'est impossible.

Mariole agrafait sa mante. Le fatout se prit à pleines mains deux énormes poignées de cheveux qu'il essaya, mais en vain, d'arracher.

— C'est impossible ! répéta-t-il avec désespoir. S'il arrivait malheur, la demoiselle me mettrait dehors !

Comme Mariole serrait sa mante autour de sa taille et se dirigeait résolûment vers la porte, Nicaise lui barra le chemin les larmes aux yeux et les mains jointes. Elle l'écarta et passa. Nicaise s'écria d'une voix d'agonisant :

— Tenez, la Poupette, vous me le payerez, mais j'aime mieux y aller moi-même.

A son tour, il la repoussa et ouvrit la porte d'un grand geste.

— Mets au moins ta double veste et ton bonnet, fatout, s'écria-t-elle en riant parmi ses larmes qui n'étaient pas encore séchées.

— Je n'ai besoin de rien sur ma tête, ni de rien sur mon corps, petiote, répondit Nicaise avec une sombre résignation.

On va bien sans tout ça au cimetière. Que le bon Dieu vous pardonne, c'est vous qui l'avez voulu !

— Mais écoute au moins ce qu'il faut dire au braconnier, ajouta Mariole qui ne partageait pas ses craintes, et dont, pourtant, l'émotion n'était guère moindre que la sienne.

Le fatout était déjà à cinquante pas, mais il s'arrêta et revint.

— C'est pourtant vrai, grommela-t-il. Puisque je fais tant que d'y aller, autant vaut que ça serve à quelque chose !

— Tu lui diras, reprit Mariole, que les deux hommes de tantôt le trahissent. Non ! ne lui dis pas cela, il ne voudrait pas le croire. Tu lui diras qu'il ne parte pas cette nuit... qu'il y a un danger... Non ! changea-t-elle encore, il n'a peur de rien : il partirait tout de même !... Écoute... c'est pour le sauver, pour sauver un malheureux jeune homme qui mourrait peut-être en état de péché ! Tu lui diras : Mariole de l'auberge du Lion d'Or a besoin de vous... avant minuit... sonnez trois mots sur votre cornet en passant sur la route, et Mariole viendra à vous, sous la garde de son bon ange !

Sa parole se brisait à mesure. Quand elle eut fini, elle était sans voix.

— Est-ce tout? demanda Nicaise.

Un signe de la fillette répondit : C'est tout.

— Eh bien, Poupette, prononça tout bas le pauvre fatout, si je n'en reviens pas, j'aurais aussi une commission à vous donner, ma petiote.

— Donne, je la ferai.

— Le jurez-vous?

— Je le jure.

Le fatout hésita.

— Ce serait de dire à la demoiselle, murmura-t-il enfin : le pauvre Nicaise qui est mort n'aurait jamais osé vous avouer ça pendant sa vie...

— Mais tu ne mourras pas, innocent !

— Qu'en savez-vous? s'écria Nicaise en colère. J'ai idée qu'on peut mourir rien que de peur ! Vous lui direz donc...

— Poupette ! appela la grande Hélène de l'intérieur.

— Vous lui direz... recommença Nicaise qui soufflait à faire pitié.

— Où donc es-tu, Poupette? répéta la voix d'Hélène impatientée.

Mariole s'enfuit murmurant :

— Je lui dirai ! Je te promets que je lui dirai !

Nicaise resta un instant tête nue, immobile au milieu du chemin que la nuit envahissait déjà. Dans cette ombre, sa taille robuste se développait et l'œil déçu trouvait dans les lignes confuses de son visage je ne sais quelle noblesse virile. Il se donna en pleine figure ses deux coups de poing d'habitude et murmura :

— Ah ! demoiselle, c'est bien vrai ! Tant que je serai en vie, je n'oserai jamais... et pourtant, mon Jésus Dieu, si vous saviez !

Un troisième coup de poing ponctua ces paroles que les troncs gelés des chênes écoutèrent seuls à la lueur de la lune, rasant l'horizon, et Nicaise partit comme un trait, perçant la nuit tête baissée et épongeant ses yeux mouillés avec les manches de sa chemise.

V

COMMENT LE PRÉTENDANT JACQUES STUART, DIT LE CHEVALIER
DE SAINT-GEORGES, PASSAIT SON TEMPS A BAR-LE-DUC ET
QUELS SAGES CONSEILS LUI DONNAIT LE VIEUX BARON DOU-
GLAS

A une lieue environ de Bar-le-Duc, en inclinant vers l'ouest
et non loin des bords de l'Ornain, il y avait, en pleine forêt,
un antique manoir dont la construction était attribuée à
Yolande, la chasseresse, femme du bon duc René II de Lorraine.
La maison, carrée et flanquée de quatre tourelles octogones,
s'élevait au centre d'une clairière, dans cette partie du bois
qu'on désignait jadis sous le nom des « Seize grandes coupes
de Béhonne. » On y arrivait par des sentiers de chasse seulement.

L'hospitalité que le duc Léopold accordait au chevalier de
Saint-Georges était large et cordiale, quoique involontaire. Si la
pression puissante des deux cours de France et d'Angleterre
n'eût point pesé sur lui, il aurait donné pour asile au royal exilé
sa propre capitale, car le sang de Lorraine s'était mêlé bien
souvent au sang des Stuarts en d'illustres alliances, et Marie
Stuart, trois fois reine, était la fille de Marie de Lorraine. En
outre, le chef de nom et d'armes de cette immense maison de
Lorraine, dont les cadets, qu'ils s'appellassent Vaudemont,
Guise, Mercœur, Mayenne, Joyeuse, Chevreuse, Elbœuf, Au-
male ou Harcourt, avaient donné tant de belliqueux cham-
pions à la cause catholique, ne pouvait apporter au service
de cette famille de Hanovre, parvenue et protestante, une
passion bien sincère.

On disait même que, dans ces derniers temps, la princesse
Mary, celle qui avait nom aujourd'hui Marie Stuart, comme
la victime d'Élisabeth Tudor, la cousine du chevalier de

Saint-Georges, la fille de Charles Stuart, duc de Rothsay, était venue incognito à la cour de Léopold dans un but politique, et que le prince lorrain, pris d'une respectueuse sympathie pour la belle Écossaise, lui avait tout accordé, sauf l'appui déclaré qui eût appelé la guerre dans ses faibles États.

Le chevalier de Saint-Georges n'était pas un prisonnier, mais il ne jouissait pas non plus de sa liberté tout entière. Il pouvait aller et venir à sa fantaisie, aussi loin que s'étendait le territoire de Bar-le-Duc; il ne pouvait faire un pas au delà.

Il avait, en ville, la disposition du palais ducal; à la campagne le château de Fains et cet ancien rendez-vous de chasse de la duchesse Yolande, qu'on appelait la maison de la Croix-Aubert.

Nous sommes encore à ce froid jour de janvier en l'année 1718.

La nuit venait. De la lisière de la forêt, on voyait les fenêtres du vieux manoir brillamment éclairées. Le froid était très vif. Le vent du nord commençait à soulever de légers tourbillons de neige. Dans la cour, les gens de vénerie du prince exilé faisaient, aux flambeaux, les préparatifs de la chasse du lendemain.

On avait chassé aujourd'hui; on avait chassé la veille. Grâce au duc Léopold, le chevalier de Saint-Georges avait de décents équipages, quoique le comte Stair envoyât messagers sur messagers à la cour de Nancy pour obtenir la réforme des écuries. Le chenil lui importait peu. Mais avec abondance de bons chevaux, le comte Stair prétendait cela, un prince captif peut céder à la tentation de prendre sa volée.

Quand notre faux braconnier Raoul, venant de l'auberge du Lion-d'Or, frappa à la porte de la maison de la Croix-Aubert, la cloche sonnait pour le repas du soir des officiers. Raoul demanda Drayton, le maître de la garde-robe, et fut introduit sur-le-champ dans une vaste salle, percée de trois fenêtres gothiques et ornée de tous les trophées qui font la gloire et la joie des disciples de saint Hubert.

Une lampe à plusieurs becs, suspendue au plafond, n'eût point suffi à éclairer cette énorme pièce, dont les murailles sombres et les caissons chargés de dorures passées absorbaient la lumière, sans un gigantesque bucher de souches qui brûlait gaiement dans l'âtre. Il y aurait eu là de quoi rôtir un bœuf, et l'atmosphère de la salle en était toute réchauffée.

Drayton, qui cumulait ses fonctions de maître de la garde-robe avec celles de majordome et de premier valet de chambre, donnait des instructions au Français Bouchard, intendant des écuries, et à Thomas Erskine, ancien veneur du feu roi, qui en avait remontré bien souvent à M. de Rohan lui-même, au temps où Louis XIV daignait encore courre le cerf dans sa forêt de Saint-Germain.

— Le roi a pris connaissance de votre rapport, Erskine, disait gravement Drayton. De beau matin, vous quêterez, s'il vous plaît, dans les fonds de Fains, où l'on a revu de ce grand vieux sanglier. La maison du roi entendra la messe de six heures à Béhonne, et se mettra en chasse aussitôt après. Le roi vous ordonne de faire diligence pour remplacer les deux limiers, décousus aux abois de l'Étang-d'en-Face : Arshaw et Garshaw, je crois...

— Archaud et Garçaud ! rectifia l'écuyer.

— Je vous remercie, monsieur Bouchard, repartit paisiblement Drayton. Ces noms honorables seront inscrits sur leurs tombes avec l'orthographe qui convient. D'ici longtemps, je suppose, il n'y aura que des limiers pour mourir au service du roi. Le roi montera son poney de Galway pour se rendre à l'église. En chasse, Sa Majesté aura Red-Side ; pour la main. Arabian et Smoke. J'ai l'honneur de vous souhaiter la bonne nuit, gentlemen... Qui avons-nous là ?

Raoul se découvrit et fit quelques pas vers la cheminée.

— Oh ! oh ! murmura Drayton en congédiant définitivement du geste les deux officiers. M. le vicomte de Châteaubriand-Bretagne ! Encore un qui prend beaucoup de peine pour rien !

Il ôta son chaperon et découvrait à son tour la forêt de cheveux gris qui coiffait son crâne large et intelligent.

Robert Drayton, laird d'Allanadale, avait déjà de l'âge comme presque tous les gens de la maison du chevalier de Saint-Georges. C'est le propre des cours exilés. Le dévouement jeune peut naître et s'échauffer au dehors, mais la domesticité des princes déchus vieillit autour d'eux, gardant et creusant en quelque sorte le fossé qui sépare les bannis de la patrie.

Car la patrie marche sans cesse, emportée par le grand mouvement des siècles ; et il y a parfois quelque chose de fatal dans l'œuvre de ces vieillards qui font l'immobilité autour d'un illustre malheur, comme s'ils défendaient contre les chances d'un réveil heureux la couche de quelque Belle-aux-Bois-Dormant.

A proprement parler, le vieux Drayton n'était pas de ceux-là. Fidèle comme l'or et brave comme le vieux sang highlandais qui coulait dans ses veines, il n'eût pas mieux demandé que d'entamer une lutte, même folle et imposssible; mais il connaissait son maître et il n'espèrait point. Son découragement tournait de temps en temps au scepticisme et à l'amertume.

— Soyez le bienvenu, milord vicomte, dit-il en saluant avec une grâce noble qui eût bien fait dans le royal salon de White-Hall. Arrivez-vous pour souper ce soir ou pour chasser demain? En ce cas, tout est au mieux; nous sommes capables de faire votre partie...

— Je viens voir le roi, interrompit Raoul. Il faut que le roi agisse aujourd'hui ou jamais !

Drayton secoua la tête en souriant douloureusement et remit son chaperon en offrant un siège au visiteur. Raoul repoussa le siège.

— Je désire parler au roi, dit-il d'une voix ferme, sur-le-champ !

— Milord vicomte, répliqua Drayton, rien n'est plus facile. Plût à Dieu que le reste allât aussi aisément. Sa Majesté accomplit ses dévotions du soir. Aussitôt qu'elles seront achevées...

— Ce que j'ai à dire au roi est pressé, interrompit encore Raoul.

Drayton agita aussitôt une sonnette d'argent qui était sur la table.

— Je ne veux pas qu'il soit dit, murmura-t-il, que j'aie mis le moindre obstacle au loyal désir de Votre Seigneurie.

Un valet parut. Drayton ajouta :

— Faites savoir à lord John Douglas que le vicomte Raoul de Châteaubriand-Bretagne souhaite avoir l'honneur de baiser la main de Sa Majesté.

Le valet se retira. Drayton poursuivit avec tristesse :

— Seymour est venu déjà, monsieur le vicomte, et Lee aussi, et Liddesdale et Arundel, portant un pli du noble comte de Mar... un Stuart ! qui nous attend, là-bas en Écosse, et dont l'épée frémit dans le fourreau. Courtenay-Bourbon

est venu. Les messieurs de Coëtlogon sont venus, parlant
avec des larmes dans les yeux. Le marquis de Lauzan a
écrit, offrant deux millions de livres et quatre cents gentilshommes...

— Je sais cela, répondit Raoul; mais le roi m'a fait l'honneur
de m'appeler son ami, quand nous étions enfants tous deux...
et la noble reine, veuve de Jacques II m'aimait comme un
fils autrefois. J'ai voulu tenter un dernier effort et voir s'il
ne reste rien dans le cœur du roi.

— Il reste un désespoir profond, prononça tout bas Drayton, un découragement qui se traduit par une sorte de résignation amère. Le roi garde rancune à ses sujets...

— Rancune de père !

— Peut-être, car c'est un généreux jeune homme... et Dieu
me préserve de douter de son courage personnel : qui dit Stuart
dit vaillant... mais il n'a pas confiance !

— Ceux de sa race ont été bien souvent trahis ! dit Raoul.

— C'est vrai ! pensa tout haut Drayton : par autrui et par
eux-mêmes.

Raoul leva sur lui un regard étonné. Le vieux Dratyon se
redressa sous ce regard et reprit avec une fierté tranquille :

— Monsieur le vicomte, à toutes les heures de ma vie, j'ai
été, je suis, je serai prêt à mourir pour le roi !

Raoul lui tendit la main et ils restèrent un instant silencieux.
Le jeune vicomte reprit le premier la parole :

— Drayton, dit-il, la dernière fois que je vous ai vu, vous
parliez déjà avec amertume, mais vous n'aviez pas perdu tout
espoir. Quelque fait nouveau s'est-il présenté?

— Non, répliqua le maître de la garde-robe en détournant
la tête.

— Vous me cachez quelque chose... insista Raoul.

— Par la mort de mes os ! s'écria Drayton qui rougit, c'est
vrai, mylord. Et les femmes ne nous ont-elles pas fait assez de
mal depuis cette pauvre belle martyre, la reine Marie !...

— Les femmes, répéta Raoul.

— Je voudrais, ajouta Drayton, que l'enfer engloutît toutes
les femmes ! Vous souriez, mylord; c'est de votre âge; moi, je
suis en colère et c'est du mien... Il y a une femme là dedans !

— Le roi a donc bien changé ! murmura le vicomte. Lui,
si fervent chrétien !

— Le roi a bientôt trente ans, mylord. Sa jeunesse fut pure
admirablement. Il semblait qu'il voulût expier par la paisible
austérité de sa vie les folles erreurs de ses ancêtres. Aussi
a-t-il en lui toute sa jeunesse, c'est presque un enfant, et souvent, j'ai eu peur de cela. Il y a un proverbe pour le feu qui
couve sous la cendre; il y a un proverbe aussi pour l'heure
de trente ans. L'explosion a tardé; elle aura lieu, et déjà Jacques Stuart rêve jour et nuit à cette intrigante...

— Quelle intrigante? demanda Raoul.

— Envoyée de Paris, sans doute, continuait Drayton qui
suivait sa pensée, envoyée de Londres peut-être... une femme,
une inconnue qui joue la comédie du mystère...

— Pour Dieu, son nom ! s'écria le vicomte.

— Allez le lui demander ! repartit le maître de la garde-robe
avec emportement, le diable le sait; mais, pour moi, je l'ignore.
Il n'est pas possible que vous n'ayez peu ou beaucoup entendu
parler de la Cavalière...

— La Cavalière ! répéta Raoul d'un ton d'étonnement
profond. Vous ignorez...

Il allait parler, mais Drayton se leva et mit un doigt sur sa
bouche. La porte s'ouvrit. Un homme de grande taille, coiffé de
cheveux blancs, rares et éclatants comme la neige, parut sur le
seuil.

— Douglas ! murmura Drayton

Et il ajouta tout haut en se découvrant :

— Le roi !

Derrière le vieillard à cheveux blancs, le chevalier de Saint-
Georges passa en effet le seuil.

Jacques Stuart ne ressemblait guère alors au portrait d'Horace Walpole, tracé vingt ans plus tard. C'était, dans toute la
force du terme un jeune homme, un beau et noble jeune homme,
dont le visage, long et fin, avait une sorte de grâce féminine.
Ses cheveux bouclés tombaient abondamment sur son front
pâle et voilaient presque la douce mélancolie de ses grands
yeux bleus. Il portait la moustache et la mouche à la mode
de Louis XIII et n'avait point de poudre. Son costume, très
simple, mais relevé par la grâce un peu frêle de sa tournure,
était d'un chasseur et reculait aussi la mode d'un demi siècle.
Il traversa la chambre à pas lents, soutenant le vieux lord Douglas, plutôt qu'il ne s'appuyait sur lui.

Lord Douglas de Glenbervie, chevalier, baron Douglas, était un cadet des grands comtes d'Angus et avait suivi le roi Jacques II, quoique la majeure partie de sa race fût engagée dans le parti contraire, il aimait le chevalier de Saint-Georges comme une mère adore son enfant.

— Vicomte, dit le roi, après avoir conduit son respectable compagnon jusqu'à un siège où il le fit asseoir avec une attention filiale, aucune visite ne pouvait m'être plus agréable que la vôtre.

Il tendit sa main que Raoul porta à ses lèvres.

Le roi s'assit et désigna de la main deux sièges. Raoul et Drayton ayant aussitôt pris place, tout le monde se trouva rangé en demi-cercle, au côté droit de la vaste cheminée.

— M'apportez-vous des nouvelles de la reine ma mère? demanda Jacques.

— Non, sire, répondit le jeune vicomte. Je n'ai pu être admis à l'honneur de voir la mère de Votre majesté.

Un silence embarrassé se fit. Le roi semblait attendre. Douglas prit le premier la parole et dit d'un ton péremptoire.

— Je gêne quelqu'un ici, mais je ne prendrai congé que sur l'ordre exprès du roi.

— Et qui donc pourrais-tu gêner, Douglas, mon vénéré père? demanda Jacques Stuart. Raoul est mon ami d'enfance; il doit aimer ceux que j'aime.

— Ainsi fais-je, sire, répondit le vicomte, qui s'inclina respectueusement devant le vieillard.

— Alors, dit celui-ci presque rudement, parlez, mylord. Vous êtes pas venu ici pour vous taire.

— Il est venu, s'empressa de répondre le roi pour chasser avec un ancien compagnon. Tu es toujours grand chasseur, hé ! vicomte?

— C'est selon le gibier, sire, répartit Raoul froidement.

— Ah ! s'écria Douglas avec une colère sénile, vous voyez bien, sire, vous voyez bien !

Jacques Stuart fronça le sourcil. Drayton restait immobile et muet comme une statue.

— Sire, dit Raoul prenant tout à coup son parti, mylord baron a raison : je suis venu pour vous parler de vos fidèles amis, les Écossais, de vos sujets, les Anglais, et de l'héritage de votre père.

— N'y a-t-il plus rien en France qui puisse exciter l'ambition des Français? demanda aigrement Douglas.

— Restez calme, notre oncle! ordonna Jacques avec douceur.

Puis, se tournant vers Raoul.

— Ami, dit-il, nous chassons à courre demain dans les fonds de Fains. Es-tu des nôtres?

— Non, sire, répliqua nettement Raoul.

— Erskine répond pourtant d'un grand vieux sanglier, murmura Jacques, et il s'y connaît!

— Je sais quelqu'un qui chasse un plus noble gibier, sire.

— Qui donc?

— Ils sont trois : le Hollandais Roboam Boër qui est le piqueur; mylord comte Stair, qui est le veneur; et George de Hanovre, soi-disant roi d'Angleterre, qui est le maître de la meute.

— Et quel gibier chassent-ils, ami Raoul?

— Un roi, sire.

— Moi, sans doute?

— Votre Majesté l'a dit.

Jacques Stuart eut un sourire forcé; le vieux Douglas haussa les épaules.

— Mon ami Raoul, reprit Jacques, ces temps derniers, bien des gens sont venus comme toi m'apporter d'inutiles paroles.

— Je déplore pour le roi, répliqua Raoul, que les paroles apportées par ses loyaux serviteurs aient été inutiles.

Jacques soupira et murmura :

— Ils ne savent pas ce que je sais, Raoul!

— Sur mon honneur, c'est le contraire qui est vrai, sire. Votre Majesté ne sait pas ce que nous savons!

— Ma Majesté se souvient! prononça le roi avec une ironie triste. Elle n'a point oublié la haine des Anglais, ni la trahison des Écossais.

Drayton tressaillit; le rouge lui monta au front.

— Cache ta colère, Drayton! dit Douglas d'une voix sonore. Sauf toi, sauf moi, sauf quelques-uns que je pourrais compter sur mes dix doigts, Stuart a dit vrai pour le malheur des temps et la honte des deux royaumes!

Raoul éleva la voix, lui aussi, pour répondre :

— Vous vous trompez, mylord!

— Alors, c'est moi qui me trompe? interrogea le roi, car je pense comme Douglas.

— Oui, sire, vous vous trompez, prononça lentement Raoul.

Il ajouta :

— Il faudrait plus d'un jour à Votre Majesté pour compter sur ses dix doigts et sur ceux de mylord baron les vingt mille soldats du comte de Mar et le contingent français que Lauzan, Courtenay et Quatrebarbes ont armé à leurs frais...

— Folie ! éclara Douglas; folie ou mensonge !

— Mylord mon oncle, commanda le roi, retirez ce dernier mot qui va plus loin que notre pensée à tous deux. Je vous l'ordonne !

Raoul avait changé de couleur. La froide prudence du chevalier de Saint-Georges lui semblait plus insultante, et beaucoup plus cruelle que le courroux du vieux lord.

— Je retire tout ce qui a pu mal sonner à l'oreille de mon souverain, repartit Douglas en jetant un regard de triomphe à son adversaire. Je crois comme le roi qu'il y a de la loyauté et de la vaillance dans vos rêves imprudents. Mais j'ai de l'expérience; je connais les choses et les hommes. Les Écossais ont un mauvais sort quand ils combattent l'Angleterre. Que Dieu bénisse mylord comte de Mar, qui est le cousin du roi ! Je l'ai eu sous mes ordres : serai-je son subalterne? Et de quel droit les Français vont-ils venir en armes dans nos îles? Il y eut une conquête; c'est assez. Nous sommes les conquérants, nous ne voulons pas être conquis !... Allez dire à ceux qui vous envoient, monsieur le vicomte, qu'il y a près du roi un homme, un vieillard, un père... que celui-là voit le monde de la hauteur des derniers jours... On ne reprend pas un royaume plus qu'un champ par la force : il faut la loi. La loi, c'est le pays tout entier, parlant sous la main de Dieu. Se plaignent-ils? tant mieux ! c'est que la main de Dieu est déjà lourde. La main de Dieu pèsera davantage; ils pousseront des cris de détresse, et ils viendront pieds nus, à genoux, après avoir chassé eux-mêmes ce tyran païen qui les déshonore en les opprimant, ils viendront à celui-ci qui est l'oint du Seigneur. Ils lui apporteront, sur un coussin de velours, son sceptre et sa couronne... et alors, devant ces pénitents trop aimés, le roi, le roi, entendez-vous? ouvrira son cœur de père pour en laisser tomber le pardon.

— Amen ! dit tout bas Drayton. Voilà une belle homélie, à

laquelle l'apostat George de Hanovre applaudirait, j'en suis
sûr !

Jacques Stuart rêvait. Il y avait un pli amer autour de ses
lèvres décolorées, et ses yeux baissés semblaient cloués au sol.

— Mylord mon oncle, prononça-t-il enfin d'une voix qui
trahissait l'angoisse de sa pensée, nous vous remercions de vos
sages conseils... Drayton, vous n'avez point voulu manquer de
respect au malheur de votre maître... Sortez tous deux; je
désire être seul avec mon ami, M. le vicomte de Châteaubriand-
Bretagne.

VI

DES RAISONS QUE DONNA LE ROI POUR RESTER CHEVALIER
DE SAINT-GEORGES, DE SES CONFIDENCES DE CŒUR ET
D'UNE VISITE INOPINÉE QUI LUI CAUSA BEAUCOUP DE SUR-
PRISE

— — Raoul, dit le chevalier de Saint-Georges, après le départ
de Douglas et de Drayton, je suis ici tranquille, sinon heureux,
et je n'ai pas l'ambition de régner... Ils ont tranché la tête de
mon aïeul Charles Ier, Raoul !

— Sire, répondit Châteaubriand, régner n'est pas seulement un droit qu'on réclame ou qu'on abandonne : c'est encore
et c'est surtout un devoir qu'il faut accomplir.

— Je reçus un jour, poursuivit Jacques Stuart avec une
profonde mélancolie, et je dégainai d'une main ardente l'épée
que me tendait le grand roi Louis XIV. Les diamants qui bri!-
laient à la garde de cette royale épée m'éblouirent comme un
rayon de soleil. Ce jour-là, j'étais prêt. Mon cœur battait la
fièvre des batailles, et je me disais : Dieu est avec nous !...
Mais Dieu n'était pas avec nous, Raoul, car il ne permit pas
que mon pied touchât le rivage de l'Angleterre !

— Les voies de Dieu sont lentes, sire, et la Providence attend
son heure.

— Que fais-je, sinon attendre la volonté de Dieu?

— Celui qui ne s'aide pas... commença Raoul.

— *Verba et voces!* s'écria Jacques Stuart avec une impatience soudaine qui envoya un peu de sang à ses joues. Des
mots, Raoul ! Rien que des mots ! Ce que nous n'avons pu
accomplir avec l'aide du grand roi, du roi d'Espagne et de Sa
Sainteté le pape, pouvons-nous le tenter seuls, ayant l'Espagne
neutre, Rome paralysée et la France ennemie? Vicomte, je ne
suis pas un lâche, mais je ne veux pas être un fou ! La mort, sur

un champ de bataille, dans nos bruyères écossaises, je l'accepte ; mais on peut me faire prisonnier, Raoul. Penses-tu que George 1er vaille mieux que Cromwell ? je vois souvent dans mes songes cette lugubre fenêtre du palais de White-Hall qui s'ouvrit une fois pour le supplice d'un roi... Que réponds-tu à cela ?

— Rien, sire.

— Rien, vicomte !... me mépriserais-tu ?

— A Dieu ne plaise, sire ! Mais, dans mes songes, moi, c'est la porte de White-Hall que je vois, la grande porte ouverte à deux battants pour recevoir Stuart victorieux, tandis que le peuple énivré chante la délivrance de la patrie...

— Tu es jeune, Raoul ! pensa tout haut le chevalier de Saint-Georges.

— Je suis du même âge que Votre Majesté.

— Et tu m'aimes sincèrement, je le sais bien.

— Sire, répondit le vicomte gravement, mon père proscrit trouvait à la cour de votre père un noble et généreux asile.

— N'est-ce donc que de la reconnaissance ?

— C'est un dévouement aveugle, sire ; une affection jusqu'à la mort !

Le chevalier de Saint-Georges lui prit la main et la serra un instant dans les siennes.

— C'est vrai ! murmura-t-il, nous étions ensemble à Londres. Le traître Montmouth disait que tu étais plus beau et plus hardi que moi. Et à Saint-Germain encore, nous étions tous deux. C'étaient d'heureux temps, Raoul, te souviens-tu ?... Voyons ! Douglas est la sagesse, et tu es la vaillance ; j'ai foi en toi comme en lui Il ne sera pas dit que je t'ai congédié sans t'entendre... Parlez, vicomte, nous vous écoutons.

— Sire, s'écria Raoul, qui éleva la main du roi jusqu'à ses lèvres, si vous me laissez plaider ma cause, elle est gagnée ! Du fond du cœur, je rends grâces à Votre Majesté.

Le roi secoua la tête et répéta :

— Nous vous écoutons, monsieur le vicomte.

— L'Espagne n'est pas neutre, sire, commença Raoul après s'être un instant recueilli ; ceux qui vous ont dit cela vous ont trompé. L'Espagne prépare en secret une armada pour combattre l'Angleterre, et ses vaisseaux mettront leurs voiles au vent dès que l'épée de Votre Majesté donnera le signal. Rome

5

n'est pas paralysée. car l'Église est infaillible autant qu'immortelle. La France seule est contre vous : non plus. la France de Louis XIV et de Saint Louis, mais la France de Philippe d'Orléans et de l'abbé Dubois... Souffrez que je n'en dise pas plus long; l'orgie d'un homme ne peut souiller un peuple ! Pour vous, vous avez l'Irlande qui cicatrise les blessures qu'elle reçut à la bataille de la Boyne; l'Écosse. la loyale Écosse votre propre patrimoine. où le mot roi est synonyme du nom de Stuart et une bonne moitié des comtés de l'Angleterre elle-même, où l'ombrageuse cruauté de George de Hanovre lui a créé des milliers d'ennemis. Pour commencer la guerre. vous avez deux armées; celle de votre cousin. le noble comte de Mar, dans le Haut Pays celle de Murray dans la Basse Terre Voulez-vous que je vous cite les noms de vingt clans prêts à entourer votre drapeau blanc, bordé de rouge. la claymore à la main?

— Non, répondit froidement Jacques Stuart. je veux que vous me fassiez savoir. vicomte. par quels moyens merveilleux je puis me rendre invisible. passer au milieu de la France ennemie et gagner les grèves de l'Écosse. afin de compter par moi-même ces innombrables soldats qui doivent me ramener triomphant à Windsor.

Raoul se mordit la lèvre. Il ne croyait pas avoir fait si peu de chemin.

— Sire. répliqua-t-il. le voyage est notre propre affaire. Nous répondons de Votre Majesté !

— Ah ! ah ! fit le roi, non sans raillerie.

— Nous répondons de Votre Majesté, poursuivit Raoul. sur notre vie et sur notre honneur !

Le roi s'inclina et perdit son sourire moqueur.

— Vous qui? demanda-t-il.

— Ceux que vous savez déjà, sire : parmi vos propres sujets, Lee, Seymour. Arundel, Harrington et d'autres; parmi les Français jaloux de laver la tache que la politique du régent imprime à l'écusson de la France, le marquis de Lauzan, le marquis de Quatrebarbes, le cadet de Courtenay Bourbon, les deux messieurs de Coëtlogon...

— Que comptent-ils faire?

— Ils ont agi déjà. sire.

— Qu'ont-ils fait?

— Toutes les mesures sont prises.

— Oh ! oh ! toutes !

— Vous allez en juger. De Bar-le-Duc aux côtes de Normandie où devra avoir lieu l'embarquement, il y a trente relais, par
conséquent trente hôtels des postes, dont les maîtres sont
gagnés et où trente gentilshommes dévoués, déguisés en postillons, vous attendent...

— Oh ! oh ! fit encore le roi.

Il ajouta :

— On a un peu bien avancé les choses, sans prendre, au
préalable, l'avis de Ma Majesté.

— Une seule maison de poste n'est pas à nous, poursuivit
Raoul, parce que, sur les entrefaites, le maître a pris maladie et
s'est laissé mourir. C'est à Nonancourt. Mais n'ayez aucune
inquiétude, sire, je m'en charge. A Nonancourt, ce sera moi,
Raoul de Châteaubriand-Bretagne, qui prendrai la casaque et le
fouet de postillon, pour mener grand train Votre Majesté.

— Je vous rends grâces, vicomte, dit le roi d'un ton glacé.
Et après ?

— Après, au grand galop jusqu'à Honfleur !

— Ah ! nous avons choisi Honfleur ?

— Oui, sire.

— Très bien ! nous voici donc à Honfleur. Et après ?

L'enthousiasme de Raoul tombait devant ce froid parti pris
de sarcasme. Il continua cependant :

— A Honfleur, sire, un navire vous attend, armé par le marquis de Lauzan, de ses propres deniers, et monté par trente-
cinq matelots des Orcades. Il porte quatre canons. Trois autres
navires sont destinés à l'expédition française et portent neuf
canons à eux trois. En trente-six heures, avec un vent favo-
rable, vous laisserez derrière vous l'embouchure de la Tamise et
vous rangerez les côtes de l'Écosse, choisissant vous-même le
lieu de votre débarquement.

— C'est très bien ! répéta pour la seconde fois le roi.

Puis il ajouta :

— Mon cousin de Mar est un bon soldat, Murray aussi, mais
ils se casseront mutuellement la tête à la première occasion :
voilà pour l'Écosse. Pour la France, Lauzan est un charmant
cavalier qui a perdu depuis longtemps sa dernière once de cervelle; Courtenay est un désespéré, flairant au vent pour voir
d'où lui viendra enfin une destinée de prince du sang; Quatre-

barbes est un fou sérieux qui rêve d'indépendance de la Bretagne, et toi...

— Moi, sire? répéta Raoul en se redressant.

— Toi, dit le roi avec un rire attendri, cette fois : tu es le
dernier chevalier !

— Faut-il espérer?...

— Il ne faut rien espérer, monsieur le vicomte, interrompit
Jacques Stuart. Dites-moi seulement quand vous comptiez
m'enlever?

— Cette nuit, sire.

— Ah ! bah ! c'était un impromptu !... Vicomte, demain nous
chasserons et nous réfléchirons...

— Demain, il sera trop tard, sire. Les entreprises comme
celles-ci emploient beaucoup de gens et le secret s'en échappe.
L'occasion ne dure qu'une heure.

— Et bien ! vrai, vicomte, l'occasion ne me séduit pas assez
pour que je la saisisse aux cheveux. Laissons là toutes ces
rêveries et parlons un peu raison. Approche-toi, Raoul... plus
près... Donne-moi ta main... l'as tu jamais revue !...

La voix de Jacques Stuart tremblait. Il y eut dans le regard
abattu de Raoul un rayon d'espoir.

— De qui parle Votre Majesté? demanda-t-il.

— Je parle, répondit le roi avec une profonde émotion, de
celle qui fut l'amie des dernières années de mon enfance, la
compagne de nos jeux et presque ma fiancée aux jours de ma
jeunesse, je parle de ma noble cousine, Marie Stuart de Rothsay.

— Oui, sire, je l'ai revue.

— Y a-t-il longtemps?

Raoul hésita, puis répondit en rougissant :

— Oui, sire, il y a longtemps.

— T'a-t-elle parlé de moi?

— Non, sire.

Le chevalier de Saint-Georges soupira, puis sourit.

— Dieu fait tout pour le mieux, murmura-t-il. Elle m'a
oublié, c'est bien.

Puis il reprit :

— Raoul, tu étais sans cesse avec nous à Saint-Germain. Te
souviens-tu de ce baron allemand, M. de Rüdder, qui prétendait avoir vécu plusieurs siècles et qui voyait l'avenir dans un
miroir d'argent? Nous allâmes ensemble, tous les trois, toi,

Marie et moi, à sa maison de Louveciennes, pour avoir notre bonne aventure. Il me dit que je deviendrais octogénaire; il dit à Marie qu'elle mourrait en gravissant les degrés d'un trône. Nous racontâmes cela, et le duc de Rothsay, croyant que ce trône fatal était le mien, éloigna de moi la pauvre Marie. Comme elle pleura ! comme je pleurai ! Tu fus longtemps, bien longtemps à me consoler, Raoul !

— Bien longtemps, répéta le jeune vicomte. Mais pourquoi le roi me rappelle-t-il ces choses que je n'ai point oubliées?

— Parce que, répondit Jacques Stuart, dont les yeux étaient baissés.

Il sourit après cette réplique enfantine.

— Voulez-vous encore être mon confident, vicomte, ajouta-t-il, comme autrefois?

— Si votre Majesté m'en juge digne...

— Le plus digne de tous, vicomte; la preuve, c'est que mon secret ne sera confié qu'à vous seul. Quand je vous l'aurai dit, vous saurez un des motifs privés qui m'empêchent de me jeter tête baissée dans votre extravagante entreprise. Voilà quinze jours, je ne tenais pas à la vie; si vous étiez venu me proposer de partir à pied pour la côte normande et de traverser la Manche dans une barque de pêcheur, je vous aurais répondu : Marchons, et à la grâce de Dieu !... Mais maintenant, j'ai quelque chose à perdre, Raoul, mon loyal ami; maintenant, je veux vivre, parce que j'espère être heureux !

La figure du jeune vicomte exprimait un singulier mélange d'espoir obstiné et de désappointement. Jacques Stuart, tout entier à sa pensée, ne l'observait point. Il poursuivit :

— Moi, je n'avais pas oublié Mary Stuart de Rothsay, ma cousine, mais son souvenir était comme un nuage charmant qui reposait ma pensée. Son nom prononcé faisait battre doucement mon cœur. Il y a si longtemps ! Je ne sais pas si je la reconnaîtrais, tant son image a pris pour moi le caractère du rêve... Il y a quinze jours, j'entendais le salut à la collégiale de Bar-le-Duc. La nuit tombe vite en cette saison et la nef pleine d'encens n'était éclairée que par les cierges. Certes, je ne pensais pas à Marie; je me souviens que je priais pour ma mère bien-aimée. Tout à coup mon regard tomba sur un éblouissement : je ne sais si tu comprends, mais je ne peux exprimer mieux ce que je ressentis à sa vue...

— A la vue de qui?

— A la vue de celle qui est désormais l'espoir de ma vie !

— Alors, dit Raoul sévèrement, c'est pour un tel motif?...

— Tais-toi ! On peut gronder les rois sur leur trône; dans l'exil, jamais ! Laisse-moi te raconter : c'est étrange, va, et ce n'est pas de l'inconstance. Je ne pouvais être subjugué que par le sourire même de Marie !

Raoul tourna la tête et dit du bout des lèvres :

— Etait-ce donc Lady Mary Stuart de Rothsay qui était là?

— Je le crus, répartit le roi : sur ma parole, je le crus d'abord, mais quelle apparence ! Marie est en Écosse... Marie, d'ailleurs était petite, et celle-ci a si bien la taille d'une reine ! Elle était non loin de l'autel, la lumière des cierges éclairait son front angélique; mon âme s'élança vers elle...

— Et lui parlâtes-vous, sire?

— Je n'osai. Il me sembla que son regard se détournait de moi. Je n'ai pas la hardiesse de mon âge, sais-tu, Raoul? J'ai gardé la timidité des adolescents. Va ! vous ne devez pas me regretter. Je pense souvent que j'aurais fait un pauvre roi... En sortant de la collégiale, je demandai son nom; j'aurais donné l'espoir de ma couronne pour connaître son nom. Personne ne le savait. C'est une étrangère, une Française sans doute, connue sous le nom de la Cavalière. Et certes Diane Chasseresse ne méritait pas mieux d'être appelée ainsi...

— Votre Majesté l'a donc vue à cheval?

— Une seule fois... En tout je ne l'ai vue que deux fois, et la seconde rencontre ne fut qu'une apparition. Tout d'abord, ce surnom : *la Cavalière*, me donna des espérances. Nos amis aussi s'appellent là-bas les *Cavaliers*. Dieu sait combien de rêves en l'air je bâtis sur le hasard de ce rapprochement ! Était-elle ici pour moi? Il y a des cœurs héroïques qui se passionnent pour le malheur. Je me disais : Elle viendra peut-être... Elle n'est pas venue : J'ai appris successivement, et avec quelle peine ! qu'elle habitait le château de Béhonne et qu'elle semblait accomplir dans le pays une œuvre mystérieuse. T'ai-je bien dit que, parmi mes espoirs, le plus cher et le plus fou était de trouver en cette inconnue ma cousine Marie elle-même?

— Non, sire, répliqua Raoul, qui écoutait désormais avec le respect convenable, Votre Majesté ne m'a pas dit cela.

— Il en était ainsi pourtant; mais pourquoi Marie me fuirait-elle? La seconde fois que je l'ai rencontrée c'était en forêt, et depuis lors, je chasse chaque jour que Dieu donne, mais je ne l'ai plus revue. Elle venait à l'encontre de moi, suivie par deux gentilshommes. Je fis ranger mon escorte pour lui céder le haut du chemin; mais elle rabaissa son voile sur son visage et prit au galop une route de traverse, comme si son désir eût été de m'éviter.

— Votre Majesté, dit Raoul, ne connaissait aucun des deux gentilshommes qui l'escortaient?

— Leurs feutres tombaient sur leurs yeux et le bas de leurs visages était enfoui dans leurs manteaux... Raoul, mon ami, je ne suis pas comme vous tous qui avez prodigué votre cœur; moi, j'ai encore mon cœur d'enfant et j'aimerais mieux mourir, entends-tu, Raoul, que de quitter ce pays d'exil qui est ma vraie patrie, tant que je m'y sens près de celle à qui ce cœur s'était donné.

Il s'arrêta. Comme Raoul gardait le silence, il essuya la sueur de son front et ses paupières se baissèrent, tandis qu'une pâleur soudaine envahissait de nouveau son visage.

— Monsieur le vicomte, reprit-il en changeant de ton et avec une dignité sévère, peut-être en avons-nous trop dit? Nous ne permettrions pas même à un ami de porter sur notre conduite un jugement téméraire...

— Ah! sire!... voulut s'écrier Raoul.

— Nous vous prions, monsieur, de ne point nous interrompre.

Jacques Stuart se leva en prononçant ces derniers mots. Une parole était sur les lèvres de Raoul, qui la retint avec peine. Certes à en juger par sa physionomie, ce ne pouvait être un blâme bien amer. Mais le roi, au lieu d'observer son compagnon, regimbait peut-être contre les reproches de sa propre conscience.

— Avant de vous donner congé, monsieur le vicomte, poursuivit-il, j'ai besoin de vous faire savoir que mon refus s'appuie sur d'autres motifs, lesquels pourront vous paraître moins futiles. La reine ma mère, monsieur continue à jouir de l'hospitalité française. J'ai pensé qu'il n'était point de mon devoir de troubler par des tentatives désespérées la tranquillité de ses derniers jours. Au premier coup de mousquet, la veuve de

Jacques II deviendrait une prisonnière et peut-être un otage.
Je crois savoir que, concernant le sujet qui nous occupe, l'avis
de S. M. la reine douairière d'Angleterre est entièrement
conforme au mien. Cela dit, monsieur le vicomte nous vous
offrons notre main, nous vous remercions, vous et vos amis,
et nous prions Dieu qu'il vous ait en sa garde.

Pendant que Raoul, ainsi formellement congédié, se pen-
chait sur la main froide et blanche qu'on lui tendait, la porte
s'ouvrit à deux battants, et Drayton parut, disant :

— Un message de S. M. la reine douairière d'Angleterre.

— Qui l'apporte? demanda le roi.

— Lady Mary Stuart de Rothsay, sire.

Jacques, tremblant, chancela et fit un pas vers la porte.

— Qu'on introduise ma noble cousine à l'instant ! balbutia-
t-il.

Drayton annonça à haute voix :

— Sire, lady Mary Stuart de Rothsay !

Puis il entra, et, se plaçant à droite de la porte, il s'inclina
jusqu'à terre pour laisser passer la messagère de la reine.
Celle qui franchit le seuil alors était une jeune femme de
haute taille, vêtue en amazone et voilée. Sa merveilleuse chevelure gardait le désordre produit par une course à cheval.
Derrière elle, venaient deux gentilshommes, coiffés de feutres
rabattus.

A quelques pas de Jacques, la jeune femme, relevant son
voile, montra un visage d'une très grande beauté, tandis que
ses deux suivants se découvraient avec respect. Le roi porta
la main à ses yeux éblouis et ne dit qu'un mot :

— La Cavalière !

VII

Lady Mary Stuart de Rothsay, arrière-petite-fille du dernier roi d'Écosse, éblouit en sa vie un monarque bien autrement illustre que l'héritier dépossédé de Jacques II. Dans le
séjour studieux et farouche qu'il fit à Paris, sous la minorité
de Louis XV, Pierre Alexiowitch, czar de toutes les Russies,
— Pierre le Grand, en un mot, fit à celle que nous nommons
la Cavalière l'honneur de la courtiser à la moscovite. Les
compagnons du czar, émerveillés, crurent un instant qu'il allait
oublier Catherine, qui n'était pas encore sa femme, et ramener
de France une impératrice écossaise. Elle assista, selon Pier-
quin, et aussi selon Duclos, de l'Académie française, qui la
désigna sans la nommer, à l'un de ces festins barbares où
Pierre le Grand buvait *six bouteilles* du vin du roi et *quatre
bouteilles de liqueurs*, au dessert.

Mais le czar n'était pas homme à comprendre les fiertés
d'une princesse du vieux monde chevaleresque. Peut-être
aussi Mary de Rothsay eut-elle peur de cet ours mal peigné,
cœur de lion, il est vrai, et tête d'aigle, mais que son respect
de nos civilisations ne dépouillait pas de sa nature sauvage.

En 1718, lady Mary Stuart avait 25 ans. Elle atteignait
aux perfections de cette idéale beauté qui fit à la cour du régent
une sensation rapide mais profonde. Sa taille flexible et hardie
semblait faite, malgré la grâce de ses mouvements, pour em-
bellir les costumes d'aventures. Elle avait un front charmant
sur lequel jouaient des boucles d'un châtain obscur où couraient de mystérieux reflets d'or; ses yeux long-fendus,

sombres comme le cristal opaque qui suspend les veines vertes et pourpres du jaspe rayonnaient des lueurs pénétrantes; le sourire de ses belles lèvres agitait le cœur.

Le chevalier de Saint-Georges resta un instant brisé par son émotion. Il avait dit bien vrai : il était plus jeune que son âge et son trouble ressemblait à celui d'un enfant.

Lady Stuart et ses deux compagnons qui montraient maintenant leurs jeunes et vaillants visages. s'arrêtèrent d'un commun mouvement et firent le geste de ployer le genou.

— Que Dieu vous récompense et vous bénisse. milady. ma cousine ! murmura le roi qui avait des larmes plein les yeux. Je vous remercie d'être venue.

Il releva des deux mains Mary qui restait immobile et silencieuse.

— Soyez debout. mylords. ajouta Jacques Stuart. en s'adressant aux deux nouveaux venus. Notre humble fortune n'admet pas de pareils hommages. Je vous reconnais bien et je vous vois avec plaisir messieurs de Coëtlogon fidèles entre tous les amis que m'a donnés l'hospitalité de la France.

Yves et René de Coëtlogon les deux fils cadets du comte Jean de Coëtlogon. lieutenant de roi pour la province de Bretagne. obéirent à l'ordre de se relever, mais gardèrent la tête inclinée.

C'étaient deux beaux jeunes gens qui paraissaient avoir exactement le même âge et se ressemblaient comme deux jumeaux. Ils étaient grands tous deux et d'une remarquable vigueur. malgré la grâce juvénile de leurs tournures.

Drayton. rajeuni de dix ans. avait passé derrière son maître et se tenait près de la cheminée, échangeant avec Raoul des regards pleins de triomphant espoir.

— Échec et mat. le vieux Douglas ! murmura-t-il en se rapprochant du vicomte.

— Attendons la fin ! répliqua Raoul. Nous ne sommes pas encore à Honfleur !

Lady Stuart tira de son sein une boîte de chagrin qu'elle ouvrit pour y prendre un pli cacheté de noir. Elle le tendit au chevalier de Saint-Georges. qui lui baisa timidement la main.

— Que faites-vous. sire? dit-elle.

— Je fais comme autrefois, Mary, répliqua-t-il de sa voix ⸺

tremblante. Quand nous jouions tous deux, ne vous souvenez-vous point que vous étiez la reine?

— La reine, prononça froidement lady Stuart, c'est celle qui envoie ce message à Votre Majesté.

Jacques jeta les yeux sur le pli.

— L'écriture de ma mère! murmura-t-il.

Et il approcha le papier de ses lèvres avec une sincère piété filiale.

— Ma mère! ajouta-t-il, ma noble et infortunée mère!

— Noble, c'est vrai, sire, dit Mary, cela ne passe jamais. Grâce au ciel, il n'en est pas de même de l'infortune, qui n'a qu'un temps.

— Nous parlions d'elle, reprit le roi qui cherchait des yeux Raoul.

— Et Votre Majesté, prononça Raoul avec un respect sévère, faisait à celle qui porte encore le deuil d'un roi le tort de penser qu'elle opposerait l'intérêt de sa sécurité personnelle aux légitimes efforts qui doivent être tentés pour restaurer les droits de son royal fils.

— Je n'ai pas dit cela! s'écria le chevalier de Saint-Georges, épiloguant comme un écolier qui fuit devant le reproche Distinguons, monsieur le vicomte, je vous prie, j'ai parlé surtout pour moi!

— D'ailleurs, ajouta Raoul, exagérant l'humilité d'un profond salut, je n'aurais pas dû élever la voix ici, et je fais amende honorable, car Votre Majesté m'avait formellement donné congé avant l'arrivée de lady Stuart.

Jacque rougit jusqu'au blanc des yeux et lança au vicomte une œillade de colère.

— Bravo! dit Drayton à part lui. L'aiguillon a percé le cuir!

Comme l'œil du roi, honteux et indécis, se reportait sur Mary, celle-ci dit:

— Je prie Sa Majesté de vouloir bien prendre connaissance du message de la reine, sa mère.

Jacques fronça le sourcil mais il rompit le sceau aux armes d'Angleterre qui fermait le pli

— Ce ne sera pas long à déchiffrer, murmura-t-il avec son mélancolique sourire. Il n'y a que deux lignes.

Le baron Douglas entrait en ce moment. Il s'arrêta pre.. du seuil, parce que le roi lisait tout haut :

« Sire,

« Mon avis est que vous partiez.

« LA REINE. »

C'était la première ligne, la seconde était ainsi conçue :

« Mon fils bien-aimé, le château de Saint Germain est sur la route de Honfleur. En passant tu m'embrasseras.

« TA MÈRE. »

Drayton porta le revers de sa rude main à ses yeux.

— Dieu sauve la reine ! s'écria-t-il d'une voix sonore en agitant son chapeau au-dessus de sa tête.

Tous ceux qui étaient là répétèrent avec enthousiasme :

— Dieu sauve la reine !

Mais une voix grave répondit :

— Dieu sauve le roi !

Et le pas ferme encore du vieux baron Douglas sonna sur le plancher, pendant qu'il se rapprochait de Jacques Stuart.

— Mylord mon père, dit ce dernier avec sa timidité revenue, je vous prie, que pensez-vous de cela?

— Sire, répondit Douglas, debout entre le roi et lady Mary Stuart, je pense que S. M. Jacques II, en mourant, institua pour vous garder contre d'imprudentes amitiés et de téméraires ambitions, un conseil de tutelle. Avant de risquer un pas aussi grave, il faudrait rassembler le conseil et délibérer.

— Je vous prie, mylord Douglas, dit Mary, dont la voix douce avait un étrange accent d'autorité, rangez-vous, afin que je puisse parler au roi.

Et comme le vieillard hésitait, elle ajouta :

— Entre nous deux, le roi et moi, nous ne voulons personne, mylord !

Jacques rougit une seconde fois, mais c'était de joie.

— Rangez-vous, mylord mon père, ordonna-t-il. Notre belle cousine a parlé pour elle et pour nous.

Douglas obéit en frémissant.

— Sire, reprit lady Mary, Votre Majesté est majeure depuis longtemps.

— C'est vrai, dit Jacques comme un docile écho, depuis longtemps.

— M'est-il permis de prendre la parole? demanda Raoul.

— Parlez, vicomte! permit précipitamment le roi. Il est toujours bon d'écouter l'avis d'un fidèle ami tel que vous.

— Je voulais demander à mylord baron, dit Raoul qui fit un pas en avant, ce que sont devenus les membres du conseil de tutelle, institué par la sagesse du feu roi.

— Oui, Douglas, répéta encore le chevalier de Saint-Georges, du fond de son embarras; mon bon et cher Douglas, réponds, que sont-ils devenus?

— Je répondrai d'abord à ce qui touche la question de majorit , sire, commença Douglas.

Mais le roi l'interrompit car l'indolence de sa nature n'excluait point en lui un esprit fin et vif.

— Mylord mon père, dit-il réfléchissez avant de parler, je vous prie. Il est malaisé d'exprimer l'opinion que peut-être vous avez sans manquer de respect à votre souverain.

Cela était si cruellement vrai que le vieillard courba la tête en silence.

— Je vais vous dire, moi, mylord, reprit Raoul, ce qu'est devenu le conseil de tutelle. Vous étiez six. Trois sont morts, et deux ont trahi...

— Il ne reste que toi Douglas, acheva Jacques Stuart.

— C'est vrai, sire, dit le vieux baron, mais j'ai mon droit et je proteste. Faites-moi place, messieurs !

Les deux Coëtlogon s'écartèrent et le baron Douglas sortit de la chambre à pas lents. Jacques Stuart le suivit d'un regard triste et presque repentant.

— Marquons-nous un point? demanda Drayton à Raoul.

— Tout dépend désormais de notre belle Cavalière, répondit le jeune vicomte. Laissons-la tenir notre jeu.

Sans affectation, il dépassa le roi pour aller serrer la main des deux messieurs Coëtlogon, ses compatriotes. Drayton s'éloigna de son côté. Jacques se trouva isolé en face de sa cousine.

— Êtes-vous contente, Mary? demanda-t-il à voix basse.

— Pas encore, sire, répondit la Cavalière qui, à coup sûr

méritait pleinement son nom à ce moment par la fierté sou-
veraine de sa pose et l'éclat inspiré de son regard.

— Autrefois, vous m'appeliez Jacques tout court, murmura
le chevalier de Saint-Georges.

— Ce sent les rois, repartit Mary, que l'on désigne ainsi par
leurs noms de baptême.

— Et pour vous, je ne suis pas un roi?

— Si fait, sire, pour moi.

Elle appuya sur ce dernier mot.

— Mary, reprit Jacques en lui offrant la main pour la
conduire à un siège, voilà déjà bien des jours que vous êtes
aux environs de ma demeure?

— Quinze jours, sire.

— Et vous m'avez privé du bonheur de vous voir!

— Sire, mes heures étaient comptées.

— Votre tâche était donc bien importante Mary?

— La plus importante de toutes les tâches.

— A quoi vous occupiez-vous?

— A préparer le voyage de Votre Majesté.

— Vous aussi! s'écria Jacques. Mais tout le monde, alors!

— Tous ceux qui vous aiment, sire!

Le roi baissa les yeux sous le regard profond dont elle l'enve-
loppait, les paroles lui manquaient pour exprimer ce qui était
en lui.

A l'autre bout de la vaste chambre, où l'éloignement des
flambeaux et l'ardent foyer produisaient une ombre relative,
Raoul, les deux Coëtlogon et Drayton suivaient cette scène
avec une anxiété fiévreuse.

— Ah! murmura Yves dont le jeune sang brouillait dans
ses veines. Si j'étais le roi!

René lui serra la main, disant d'un ton étrange, plein de
tendresse et aussi de menace :

— Frère, il vaut mieux que celui-là soit le roi.

— S'il n'en était pas ainsi, n'est-ce pas, prononça Yves d'un
air sombre, nous aurions un espoir...

— Et nous serions rivaux, mon frère!

Leurs mains se séparèrent, mais ce ne fut qu'un instant.
Yves pressa René contre son cœur.

— Brave Drayton, disait Raoul, elle est venue à temps!

— Que Dieu me pardonne, répondit le maître de la garde-

robe. d'avoir maudit si souvent la présence de la belle inconnue !

— Alors, reprit le chevalier de Saint-Georges, vous voulez
que je parte, Mary?

— Le roi seul a droit de dire : Je veux, répliqua la Cavalière.

— La reine... balbutia Jacques, mais il n'acheva pas et
Mary Stuart garda le silence.

— Vicomte ! s'écria Jacques avec colère. pourquoi osâtes-
vous, ce soir. me cacher la présence de ma noble cousine?

— J'obéissais aux ordres de milady, sire repartit Raoul.

— Vous voyez bien que vous donnez des ordres. madame !
dit le roi plaintivement. Je souffre, et il est mal de me tenir
rigueur. Au nom du ciel, aimez-vous encore celui qui partageait vos jeux?

— Je ne sais ... répartit la Cavalière à voix basse.

Le roi fit un brusque mouvement.

— Je supplie Votre Majesté de rester ! poursuivit-elle. Je
voudrais exprimer ce que je ressens avec exactitude. Je me
souviens avec une reconnaissance affectueuse des bontés de
mon compagnon d'enfance...

— N'est ce que cela. Mary ! s'écria Jacques au désespoir.

— Je respecte, continua-t-elle, et je plains aussi le prince
exilé...

— N'est-ce que cela ! mon Dieu ! n'est-ce que cela !

— Mais, acheva lady Stuart relevant son visage superbe,
JE N'AIMERAI JAMAIS QUE LE ROI !

Jacques tressaillit. Ses yeux brillèrent. Il se redressa. lui
aussi et si h ut que sa tête domina celle de sa belle compagne.

— Je suis le roi, dit-il.

— De droit, sire.

— Je , uis l'être de fait.

— Soyez-le donc ! s'écria-t-elle, épanouissant. comme si
elle avait eu le don des fées, la suprême splendeur de sa beauté.

Ils se levèrent tous deux en même temps, mais Jacques se
contint et fit sur lui-même un violent effort. A cette heure, il
était roi.

— Madame, dit-il je ne feindrai point de me méprendre.
Ce n'est pas pour vous que vous voulez le trône, c'est pour
moi.

— Que Dieu vous récompense pour cette parole, sire ! mur-

mura l° Cavalière. Vous avez regardé au fond même de mon
cœur !

— Un digne, un cher cœur, Mary ! Lisez aussi dans le mien,
qui ne souhaite la couronne que pour la poser sur votre front
bien-aimé.

Il appuya la main de lady Stuart contre ses lèvres, puis il
se tourna vers le groupe anxieux qui attendait à l'autre bout
de la chambre. Il y avait dans toute sa personne un change-
ment si complet que Drayton se demandait de bonne foi s'il
était bien éveillé.

— Vicomte, dit le chevalier de Saint-Georges à Raoul, nos
chevaux sont ferrés à glace. je suppose !

— Oui, sire, répondit Raoul, étouffant une exclamation de
joie.

— A quelle heure partons-nous, s'il vous plaît?

— A minuit, sire.

— Drayton, vous entendez. Que tout soit prêt... A bientôt,
messieurs; j'ai besoin d'être seul... Au revoir. madame.

Il s'éloigna d'un pas vif et la tête haute, après avoir adressé
à lady Stuart un dernier regard qu'elle paya d'un sourire.
Jusqu'au moment où la portière retomba sur lui. tous restèrent inclinés; mais aussitôt qu'il eut disparu, un formidable
cri emplit la chambre :

— Dieu sauve le roi ! Stuart pour toujours !

Drayton se jeta dans les bras de Raoul. La Cavalière tendit
ses deux belles mains aux Coëtlogon et dit :

— C'est le moment, messieurs. Chaque heure, désormais,
va contenir autant de danger que de minutes. Je pars avec le
roi. Me suivrez-vous?

— Tant qu'il y aura une goutte de sang dans nos veines !
répondirent les deux jeunes gens d'une seule voix.

Yves ajouta en passant son bras autour du cou de son frère :

— Il y aura toujours deux poitrines entre la mort et celui
qui est votre roi !

Drayton s'élança vers les appartements intérieurs pour
commencer les préparatifs. Il dansait, il chantait, il était ivre.
Raoul descendit aux écuries.

Comme il arrivait dans la cour. il entendit le bruit d'une
dispute à la porte extérieure, que le valet de garde venait de
refermer sur le nez d'un visiteur malencontreux.

— Malhonnête ! s'écriait celui-ci au travers de la porte, et il semblait à Raoul qu'il reconnaissait cette voix. Hérétique ! On dit pourtant que ton quart de roi va à la messe comme un homme ! Oses-tu bien laisser un chrétien dehors à pareille heure et par un temps pareil ! Chez nous, au moins, on ouvre à toute heure à ceux qui payent. Je te payerai, mécréant, s'il le faut ! Je veux parler au braconnier qui a nom M. Raoul, bandit !

— Nicaise ! s'écria le jeune vicomte en se hâtant vers la porte.

— Et je viens de la part de la Poupette, malfaiteur ! acheva le pauvre fatout dont la voix enrouée s'étranglait dans sa gorge.

— Mariole ! dit Raoul en poussant le valet et en ouvrant la porte lui-même.

Nicaise se précipita dans la cour, tête baissée, comme un bélier.

— Vous croyez donc que je n'avais pas peur, là, dehors, dit-il en secouant ses cheveux hérissés de givre, et froid, et tout ! Jarnigodiche ! quelle commission ! Des brigands, des loups, des serpents, des revenants... La forêt est pleine, quoi ! Raoul le saisit par le bras. Nicaise se démena comme un beau diable, criant :

— Lâchez-moi, l'homme ! C'est au braconnier que je veux parler !

— C'est moi, dit Raoul. Que me veux-tu ?

— Tiens, tiens ! C'est pourtant vrai ! Vous n'êtes point de moitié si bien habillé que ça quand vous venez au *Lion-d'Or*, hé, l'homme... Mais le diable est dans le pays, voilà qui est sûr, monseigneur.

— Parleras-tu, drôle !

— Drôle ! se récria Nicaise. La demoiselle Hélène m'en dit de dures, mais elle ne m'a point encore appelé comme ça. Drôle vous-même, ah ! mais !... Approchez voir votre oreille. Faut que la chose soit racontée tout bas.

Raoul se pencha vers lui. Nicaise poursuivit confidentiellement :

— Je n'aurais point cru que je serais devenu si hardi, non ! Une heure de course dans la forêt, car je me suis perdu à la fourche d'Ambault... Je n'y voyais plus, tant j'avais peur... Mais je marchais tout de même, malgré les revenants, les loups,

6

les vipères, les assassins, les chouettes et tout ce que j'ai vu !

Raoul se redressa.

— Approchez voir, reprit le fatout. Vous êtes donc un gentilhomme, vous, à présent?

Il ajouta quelques mots à l'oreille de Raoul, qui cria aussitôt :

— Holà, Tom ! un cheval ! et un bon ! tout de suite !

L'instant d'après, il sautait en selle et allait piquer des deux quand la voix suppliante du fatout le retint.

— Croyez-vous donc que je vas retourner à pied, tout seul ! criait le malheureux Nicaise. Et qui donnera à boire aux ménétriers? La demoiselle peut-elle se passer de moi si longtemps? Et je voudrais tâter M. Ledoux, un petit peu, pour savoir si ce n'est rien que les écus qui lui tiennent au cœur. On aura trempé la soupe sans moi, c'est sûr. Et les loups, et les couleuvres, et les brigands, et les esprits...

— Monte ! ordonna Raoul, qui l'enleva par le bras.

Nicaise se mit en croupe. Raoul piqua des deux.

— Maintenant, dit ce dernier, je te lance dans une fondrière si tu me romps encore les oreilles !

Le cheval avait pris le galop. Pendant les premières minutes, Nicaise se tint tranquille, par crainte de la fondrière; mais Raoul le sentit bientôt s'agiter derrière lui et l'entendit geindre comme un malheureux disant :

— Un loup, là-bas, l'homme ! Détournez un peu votre tête... un voleur, sur la droite, ici, avec son mousquet qui est long comme une perche, aussi vrai que je tâche de faire mon salut ! Je n'y réussis peut-être pas, grand pécheur que je suis !... une couleuvre, mon saint patron ! non ! c'est du bois mort... Est-ce que vous êtes hérétique, vous, sauf le respect? Ça me poursuivrait loin l'idée d'avoir embrassé un excommunié pendant un demi-heure de chemin. Holà ! ho ! une femme habillée avec un drap blanc !...

— Vas-tu te taire, misérable ! cria Raoul.

— C'était un tronc de bouleau, se reprit le fatout. A quoi ça sert que les troncs de bouleau font toujours peur au monde? Sûr et certain que je ne suis pas un poltron, puisque je ne suis pas tombé mort de frayeur en route.

— Avait-elle l'air bien en peine? demanda le jeune vicomte.

— Qui? la femme habillée de blanc?...

— Mariole.

— La Poupette? Pour ça, oui ! Elle voulait venir elle-même... Que je sois puni, si je n'ai pas vu briller un canon de mousquet !

Raoul ne répondit pas, cette fois, mais ses éperons labourèrent les flancs du cheval. qui se mit à fuir ventre à terre. Bien lui en prit. Une lueur éclaira la nuit noire et une retentissante explosion roula sous bois d'écho en écho.

— Es-tu blessé, garçon? demanda Raoul. Je n'ai pas entendu la balle.

Au lieu de répondre, Nicaise. qui était fort, sans s'en douter peut-être, le serra si désespérément que Raoul en perdit presque la respiration.

— Jésus ! Vierge Marie ! saint patron ! pria-t-il en un *crescendo* de ferveur, un vrai bandit. celui-là ! de la vraie poudre ! et jamais je n'ai ouï un tapage pareil ! Ah ! ah ! je parlais des brigands sans y croire ! Je n'ai pas eu peur, l'homme, puisque j'ai tenu bon. C'est égal ! si jamais je cours la forêt la nuit. Le feu de l'enfer, pour le coup ! Qu'est-ce que c'est que cela, grand bon Dieu du ciel !

Raoul venait d'arrêter court son cheval écumant. Cela, c'était l'auberge même du Lion-dOr, dont toutes les fenêtres étaient éclairées pour la noce et que le pauvre fatout, dans son trouble prenait pour un incendie. Des bruits joyeux s'échappaient pourtant par toutes les croisées.

— Descends ! ordonna Raoul.

Nicaise, rendu à lui-même, se donna un sérieux coup de poing sur la tête, ce qui était sa manière de prendre le deuil.

— Coquin de sort ! dit-il en se laissant glisser jusqu'à terre. C'est la noce. Une cérémonie qu'est belle tout de même ! Ah ! si aussi bien c'était moi qui s'épousait avec la demoiselle ! Restez là, l'homme, je vais vous envoyer la Poupette.

Le Lion-d'Or riait, chantait, dansait. La porte s'ouvrit, laissa échapper une longue traînée de lumière, puis se referma. Raoul attacha son cheval à un arbre et serra son manteau autour de ses reins pour arpenter à grands pas la route blanche de neige.

VIII

DU JOLI MONSIEUR LEDOUX ET DES FIANÇAILLES QUI AVAIENT
LIEU CE SOIR AU DEDANS ET AU DEHORS DE L'AUBERGE DU
LION-D'OR.

On se souvient que nos trois coquins, l'Anglais Rogue, le
juif portugais Salva et leur digne patron Piètre Gadoche
avaient entendu des rires et l'agitation d'une besogne joyeuse,
à l'intérieur de l'auberge du Lion-d'Or, pendant qu'ils tenaient
conférence au coin du feu. C'est qu'on avait travaillé, en effet,
cette après-dînée, et gaiment. Il y avait du monde à la cuisine, autour des fourneaux brûlants, et du monde aussi dans
la chambre de la grande Hélène, où se confectionnaient les
robes blanches, parures semblables des deux sœurs pour la
fête du soir. Dans la grange, valets et servantes nouaient des
branches de buis vert pour faire des guirlandes. La grande fille
du bonhomme Olivat était un petit peu rude parfois, et il ne
fallait point lui tenir tête, mais on l'aimait parce qu'elle avait
un charitable cœur, malgré ses vanteries d'égoïsme, et chacun
contribuait de son mieux à faire belle et brillante la fête de ses
épousailles.

Le fatout lui-même, en soupirant gros, avait abouté plus
de dix autres de guirlandes.

Dès que la retraite du faux pèlerin et de ses compagnons
avait laissé libre la salle commune, ç'avait été une bruyante
irruption de tous les gens de la maison. La porte était close
désormais pour tous ceux qui n'étaient point de la noce. On
ne se marie pas tous les jours, et, par cette froidure, les voyageurs étaient rares. En un clin d'œil, les sombres murailles
de la salle commune furent couvertes de riants feuillages et de
rubans de laine, arrangés en belles touffes pour remplacer les
fleurs. Il y en eut partout, Dieu merci, jusque dans le pauvre

escalier qui montait à la soupente où le père Olivat dormait ou souffrait, sur la paillasse, pleine de ses écus.

La nuit tombée, les amis et voisins, invités de la noce, commencèrent à venir, qui à pied, qui en carriole. A Bar-le-Duc, on avait un peu tourné le dos au bonhomme Olivat à l'époque de sa ruine; personne n'avait pleuré bien amèrement sur le malheur de ce vieux soudard, enrichi par plaies et bosses; mais à Bar-le-Duc comme ailleurs, les économies, mêmes cachées, ont une voix argentine qui s'entend de très loin. On regardait mieux le bonhomme Olivat à mesure que grossissait sa tirelire.

Si bien que, parmi ses amis d'autrefois, petits bourgeois, petits fonctionnaires, gros tisseurs de cotonnades ou fabricants de confitures de groseilles, fortune et renom de cette vieille ville de Bar, personne n'avait refusé l'invitation.

Les gens de la noce arrivèrent pour la fin des préparatifs et y mirent la main de bon cœur. Tout le monde était d'humeur charmante et de grand appétit. On s'étonnait seulement de l'absence de Nicaise, le fatout, premier ministre de la grande Hélène, et qu'on aurait dû rencontrer dans tous les coins.

Où pouvait être Nicaise à cette heure solennelle? Hélène l'avait déjà dix fois demandé. Seule la gentille Mariole aurait pu répondre à cette question, mais elle n'avait garde.

Ce n'était pas à proprement parler un repas. La coutume lorraine était et est encore de célébrer les épousailles par une sorte de bal, entouré de tables toujours servies, où chacun, entre les danses, mange à sa volonté. Les choses étaient très bien faites. Il y avait abondance de bonne soupe, de viande rôtie et bouillie, une véritable cocagne de gâteaux de toutes sortes. Le vin de Moselle coulait à discrétion. Deux ménétriers, debout sur des cuves retournées sens dessus-dessous, faisaient siffler le fifre et grincer le violon. Les hommes étaient gais de boire, les femmes de danser; tout allait pour le mieux.

A ceux qui demandaient des nouvelles du bonhomme Olivat, la grande Hélène répondait, laissant rire ses yeux mouillés.

— Le père a sa part de la fête. Il s'est fait mettre une chemise blanche de fine toile. Il mange sa soupe et boit son vin miellé à votre santé.

La tante Catherine avait sa part de la fête aussi, pauvre vieille femme, et aussi les quatre petits. La tante Catherine mangeait, buvait, bavardait. fière d'un immense bonnet qui était le cadeau de noce. Les quatre bambins criaient comme des aigles et se jetaient, turbulent troupeau, entre les jambes des danseurs.

Il y avait là bien des gens qui ne l'avaient jamais regardée, la grande Hélène, et qui s'étonnaient de la trouver si belle. De fait, vous n'auriez pas rencontré à dix lieues à la ronde un plus glorieux brin de fille. Sa robe de cotonnade blanche lui allait comme un charme. Mariole, avec le goût naturel qui vient on ne sait comme à ces chères créatures, avait coiffé les magnifiques cheveux noirs de sa grande sœur où des graines de houx, rouges comme du corail, perlaient l'opulence des longues tresses. Hélène était gaie, elle était heureuse et savez-vous de quoi?

De Mariole, habillée de blanc aussi, mais dont la robe était plus fine, de Mariole dont les cheveux blonds s'enroulaient, nattés avec un mince ruban bleu ciel, de Mariole qui était jolie comme les anges et qu'on eût prise pour la fiancée.

Hélène ne le disait point; elle ne disait guère ce qu'elle éprouvait, cette grande fille, et sa préoccupation était plutôt de cacher les larges tendresses de son cœur; mais elle songeait à l'heure où cette chère enfant à son tour, prendrait aussi le voile des épousées. Cela ne pouvait tarder. Voici qu'elle était grande et jolie.

Il y avait une remarque qui cependant sautait aux yeux de chacun : les rôles semblaient intervertis entre la grande Hélène et sa Poupette.

D'ordinaire, Hélène avait l'aspect rude et presque soucieux, tandis que la Poupette, toujours joyeuse, souriait à tous et chantait comme un oiseau du bon Dieu. Aujourd'hui le visage soucieux de la Poupette faisait ombre par intervalles à la joie paisible qui rayonnait autour du front d'Hélène. Un soir de danse! elle qui n'avait encore jamais dansé!

Était-elle jalouse? ou quoi? car on ne sait jamais quand il s'agit d'une fillette. En attendant, Hélène dansait avec son promis, M. Ledoux. Nous avons gardé celui-ci pour le dernier, parce qu'il était le vrai lustre et le principal succès de la fête.

Vrai, il y avait de quoi être jalouse. Il était propre, ce M. Ledoux, frisé, frais, rose, grassouillet; il avait un pourpoint vert-pomme qui lui allait comme un gant et des souliers à boucle

qui reluisaient mieux que deux miroirs. Il dansait à miracle;
personne ne savait sauter comme lui la gigue champenoise
ni mener la courante de Soissons. Ah ! certes, la grande Hélène
pouvait être fière ! Tant de talent ! tant d'agréments ! et collecteur des gabelles avec cela !

Je ne sais si la grande Hélène était, au fond, bien éprise
de ce rayonnant M. Ledoux, mais elle était assurément flattée,
et, en somme, elle se mariait avec plaisir.

Quand M. Ledoux lui parlait à l'oreille, elle rougissait et tout
le monde de sourire ! Que lui disait-il? D'autres fois, pendant
que M. Ledoux causait, la grande Hélène fronçait tout à coup
le sourcil. Que lui disait-il encore? Nous ne répéterons rien des
propos véritablement aimables que M. Ledoux glissait à l'oreille
de sa fiancée, mais nous confierons au lecteur ce qui, dans son
entretien, amenait un froncement aux sourcils de la grande
Hélène. M. Ledoux avait déjà dit plusieurs fois et sans paraître y attacher d'importance :

— Où donc est cet innocent de Nicaise?

Et il avait ajouté par manière d'acquit :

— Voyez donc, ma promise, comme cette petite Mariole
a l'air triste, ce soir !

Hélène ne le voyait que trop.

— Mariole est toute *diote* par la timidité de son âge, répon-
dait-elle pourtant et ce bêta de Nicaise, nous prépare, je parie
bien, quelque surprise à son idée.

— C'est égal, concluait le joli M. Ledoux, je ne sais pas qu'en
dire, mais il y a quelque chose d'étonnant dans la maison, à
cette heure !

Malgré elle Hélène partageait au fond l'avis de son épouseur.

— Qu'as-tu donc, petiote? demanda-t-elle une fois en arrêtant Mariole au passage.

— Rien, ma sœur, répondit la Poupette, qui se força de
sourire.

Et ce fut tout. Vers huit heures, au plus fort de la danse,
on vit paraître enfin cet innocent de Nicaise ou ce bêta, au
choix du lecteur. Il avait la figure un peu bouleversée, les
habits en désordre et les cheveux tout mouillés par le givre
qui allait fondant, mais il faisait de son mieux pour se donner
une apparence tranquille.

Son trouble n'étonnait point trop les convives, parce que

chacun était habitué à le voir assez embarrassé de sa personne.
Ce qui eût étonné si quelqu'un l'avait remarqué, ç'aurait été
le regard aigre que lui jeta le joli M. Ledoux.

Mariole, qui était en train de sauter une gavotte, s'arrêta
court à sa vue et devint plus pâle que la blanche étoffe de sa
robe. Puis le rouge lui monta au front, parce que les yeux du
fatout lui avaient parlé.

— D'où viens-tu, innocent? s'écria la grande Hélène en
riant et en saisissant Nicaise par le bras. Je te croyais mangé
aux loups.

— Ah! demoiselle, répliqua Nicaise, peu s'en est fallu, et
aux serpents! Avez-vous ouï d'ici le coup de mousquet? Que
Dieu nous protège! Il y a de quoi avoir peur dans la forêt,
bien sûr!

— Et pourquoi as-tu été dans la forêt?

— Pourquoi, demoiselle? C'est drôle, allez! ah! ah! ah!

Il essaya de rire et resta bouche béante à regarder Mariole,
qui se coulait du côté de la cuisine.

— Elle a compris, la petiote, pensa-t-il.

Hélène lui secoua le bras.

— Répondras-tu, méchant diot! fit-elle. J'ai été inquiète.

— De vrai? Vous avez bien de la bonté, demoiselle... Ah!
les bandits!... J'avais donc été un petit peu me promener,
voir le temps qu'il faisait.

— Un jour comme aujourd'hui! s'écria Hélène. Tu as un
secret, fatout!

La figure de Nicaise exprima une horreur si naïve qu'Hélène
éclata de rire.

— Oh! demoiselle! dit-il avec des larmes dans la voix. Moi,
un secret! Par exemple!

— Eh bien, après? Tu as l'âge peut-être!

— Oh! non, demoiselle... quoique... mais vous ne saurez
jamais ça!

— Quoi donc, innocent?

— Des bêtises, demoiselle... quoique... Ah! voyez-vous,
jamais!

En même temps il pensait :

— N'empêche que la petiote est partie!

Hélène le lâcha, de guerre lasse, et il poussa un soupir capable de faire tourner un moulin à vent.

— D'où vient-il? demanda M. Ledoux en reprenant le bras de sa fiancée.

— De courir le guilledou, vraiment. En danse!

— En danse!... Voilà qui est drôle, dites donc. L'innocent revenu, Mariole est envolée!

Hélène s'arrêta et promena son regard inquiet tout autour de la salle. La Poupette avait, en effet, disparu.

— Que veut dire ceci? murmura-t-elle.

— En danse! répéta M. Ledoux, mais c'est certain qu'il y a quelque chose d'étonnant ici, ce soir.

Pour la première fois depuis que la fête était commencée. Hélène ne dansa point de bon cœur. Elle se disait : « Je suis folle! la petiote est quelque part dans la maison. » Mais son cœur se serrait.

Au dehors, Mariole, qui était sortie par la porte de derrière, rencontra Raoul sur la route, à quelques pas de la maison. Le froid l'avait saisie, mais c'était surtout la frayeur qui la faisait grelotter. Raoul voulut la couvrir de son manteau, elle le repoussa.

— Je ne sais pas si je fais mal, dit-elle; mais Dieu me pardonnera, car je n'ai pas d'autre pensée que de prévenir un grand malheur. Je vous remercie d'être venu, monsieur Raoul.

— Eussé-je été à cent lie   s de vous, répondit le braconnier, je serais accouru!

Elle semblait se recueillir et chercher ses paroles. Le vent avait chassé les nuages. Un rayon de lune tombait sur son front. Raoul joignit les mains et murmura :

— Oh! Mariole, quand viendra pour nous aussi le jour des fiançailles!

— Au nom de Dieu qui nous voit, monsieur Raoul, répondit la fillette gravement, ne me parlez pas ainsi. Je sais que vous êtes un gentilhomme.

Raoul fit un geste d'étonnement. Elle poursuivit :

— Les gentilshommes n'épousent pas de pauvres filles comme moi. Vous m'avez trompée, monsieur Raoul.

La lune frappait aussi le jeune et loyal visage du vicomte qui mit sa main sur son cœur.

— Au nom de Dieu qui nous voit Mariole, répondit-il, je vous ai dit la vérité. Les pieuses enfants telles que vous meurent quand elles sont trompées; je sais cela, et je donnerais mille fois ma vie pour la vôtre. Je suis gentilhomme, il est vrai, un pauvre gentilhomme, car, si je descends de haut, je n'ai plus que mon épée. Hier, Mariole, je n'étais pas ambitieux; aujourd'hui je veux que mon épée vous gagne la fortune et la noblesse. Ceux de mon pays ne mentent point, mon déguisement n'était pas pour vous tromper, mais pour accomplir un grand devoir auquel, avant de vous connaître, j'avais dévoué ma vie. Mariole, j'aime votre vertu autant que mon propre honneur. C'est soir des fiançailles ici, voulez-vous être ma fiancée?

Un bruit de pas se fit entendre sur la route au loin. Ils se reculèrent sous l'ombre d'un arbre. La maison du Lion-d'Or éclatait de lumière et de rires.

Les pas approchaient. C'étaient deux hommes qui allaient, suivant cauteleusement la lisière du chemin. L'un d'eux boitait. Tous deux avaient le chapeau rabattu et des lambeaux de manteau autour des reins.

— C'est ici, dit le boîteux en s'arrêtant au bout de la haie qui fermait le petit jardin du Lion-d'Or. Il nous faut entrer par la porte de derrière.

— Du diable si je n'aimerais pas mieux danser ou dormir comme un honnête homme, répondit l'autre avec la voix de pharynx qui distingue les Portugais. On croit que les voleurs travaillent pour s'amuser...

Ils tournèrent l'angle du jardin et disparurent. Raoul avait fait tous ses efforts pour les reconnaître, mais la lune était en ce moment sous un nuage. Il voulut reprendre l'entretien là où l'approche des deux inconnus l'avait interrompu. Mariole lui coupa la parole.

— Monsieur Raoul, dit-elle résolument, je ne suis pas venue ici pour parler de notre mariage; je vous en prie, laissez-moi vous dire le danger qui vous menace...

— Je vis de danger, Mariole, voulut répliquer Raoul.

— Et qui menace aussi, poursuivit la fillette, celui que vous servez.

Raoul se tut aussitôt et devint attentif.

— Malheureusement, reprit Mariole, je ne peux pas vous dire des choses bien claires ni bien précises, car l'entretien était commencé quand j'ai surpris ces hommes.

— Quels hommes? demanda le vicomte.

— Ceux qui étaient avec vous ce matin au Lion-d'Or.

— Rogue et Salva?

— Et un troisième.

— Ah ! ah ! un troisième?

— Je ne sais pas son nom. Je n'ai même pas vu son visage. Il était déguisé en vieux pèlerin... Mais c'est un jeune homme, j'en suis sûr !

— Ah ! ah ! fit encore Raoul. C'est un jeune homme... et il était déguisé en vieillard !

— Que Dieu me pardonne, murmura Mariole, un doute me poursuit depuis l'instant où j'ai vu cela... Ma sœur, ma pauvre sœur Hélène, si bonne, si noble !... mais c'est folie ! et à confesse, je m'accuserai de cela comme d'un péché mortel, car M. Ledoux est un honnête homme !

— Je ne connais pas ce M. Ledoux, dit Raoul.

Mariole secoua sa blonde tête, comme si elle eût voulu chasser l'obsession d'une importune pensée.

— C'est folie ! répéta-t-elle. Ce dont je suis sûre, c'est que vos deux compagnons vous trahissent, et que le troisième leur a promis de l'argent pour assassiner le... le...

— Le roi, acheva Raoul.

— Ma grande sœur Hélène dit que ce n'est pas un roi, murmura Mariole.

— Il le sera, répliqua le vicomte en souriant, et, dès qu'il le sera, je vous promets que de sa main royale il signera notre contrat de mariage !

— Est-ce possible? s'écria Mariole.

— Vous venez de lui sauver la vie, prononça gravement Raoul. Achevez, dites-moi tout : vous avez raison, il n'est pas temps, cette nuit, de songer à soi.

Mariole fit appel à ses souvenirs pour rapporter tout ce qu'elle avait vu et entendu; Raoul l'écoutait avec une attention profonde. Quand elle eut achevé, Raoul interrogea.

— Êtes-vous bien sûre, demanda-t-il, de n'avoir entendu prononcer aucun nom?

— Vos deux compagnons appelaient le faux pèlerin « patron », répondit la Poupette.

— Ils n'ont pas laissé échapper le nom de Piètre Gadoche?

Mariole recula toute tremblante.

— Seigneur Dieu ! s'écria-t-elle, ce monstre est-il dans le pays? Ah ! ce nom-là, fût-il murmuré tout bas, s'entend ici de bien loin, monsieur Raoul ! C'est Piètre Gadoche qui brûla autrefois notre maison, quand M. Olivat était riche...

Raoul l'interrompit et dit :

— Mariole, vous avez gagné, cette nuit. notre bonheur à tous deux. Ne craignez rien du bandit Piètre Gadoche, S'il est dans le pays, il n'y restera pas longtemps : nous allons l'entraîner sur nos traces, en partant cette nuit.

— Mais vous alors, mais vous ! s'écria Mariole, savez-vous que ce Piètre Gadoche est un assassin par métier !

Le regard de Raoul était presque paternel. Il entr'ouvrit son manteau et son pourpoint pour arracher, en rompant la petite chaîne d'or de son cou une médaille qu'il portait cachée sur sa poitrine.

— Voici, dit-il avec lenteur en étendant le bras comme on fait pour prêter un solennel serment, voici l'image de la vierge miraculeuse de Combourg, que je porte en souvenir de ma bien-aimée mère. A l'heure où nous sommes, en effet, ma vie ne tient qu'à un fil, vous l'avez deviné Mariole. Que ceci soit notre gage : en partant, je vous confie cette médaille sainte comme à la fille de ma mère, en signe que vous et moi nous sommes promis l'un à l'autre devant Dieu. Au revoir, ma chère fiancée. Je reviendrai réclamer votre foi, qui est mon plus cher bien en ce monde. Si je ne reviens pas c'est que je serai mort.

Il détacha son cheval et bondit en selle en répétant :

— Au revoir et priez pour moi !

— Oh ! ne bravez pas le danger ! s'écria Mariole, ne partez pas ! Si je suis venue, sainte Vierge ! c'était pour vous dire : Ne partez pas ! ne partez pas !

Sa voix s'éteignit : elle se laissa tomber à genoux sur la terre glacée. La fête riait et dansait toujours dans la maison du Lion-d'Or, étouffant sous ses bruits joyeux le galop du cheval de Raoul, qui allait déjà se perdant dans le lointain.

IX

COMMENT NICAISE SE MIT EN GAIETÉ ET COMMENT M. LEDOUX
ALLA VOIR AU DEHORS POUR CHERCHER LA POUPETTE

L'Anglais Rogue et le juif portugais, après avoir dépassé
Raoul et Mariole, franchirent la clôture, traversèrent le jardin
à pas de loup et vinrent jusqu'à la porte de derrière de l'auberge du Lion-d'Or. Selon qu'il avait été convenu, quelques
heures auparavant, avec Piètre Gadoche, ils sifflèrent doucement. Personne ne répondit à cet appel. Les deux bandits se
cachèrent derrière une charrette dételée qui était dans la cour
et attendirent, écoutant les bruits de la fête en soufflant dans
leurs doigts.

A l'intérieur tout était paix et joie, sauf la vague inquiétude
d'Hélène qui allait augmentant à l'endroit de l'absence de Mariole. Nous devons avouer que M. Ledoux, pour un motif ou
pour un autre, se plaisait à augmenter cette inquiétude. Il
répétait à tout instant :

— C'est égal. Il y a quelque chose d'étonnant ici, ce soir, à la
maison !

Quand à Nicaise, il avait pris son parti. Ayant avalé trois ou
quatre verres de vin cuit en mangeant une solide tranche de
lard, il était allé sécher sa chemise au feu de la cuisine, et maintenant il dansait comme un perdu, la joue plus rouge qu'une
carotte et l'œil reluisant. Au cinquième verre de vin, ma foi, il
s'approcha du joli M. Ledoux et lui frappa gaillardement sur
l'épaule.

— Je vas vous dire, lui déclara-t-il. La demoiselle est comme
qui dirait ma mère. Je ne suis point tant poule mouillée que j'en
ai l'air. Si c'était pour qu'on la rende malheureuse en ménage,
faudrait voir, nous deux ! Ah ! mais !

M. Ledoux lui tendit la main et repartit.

— Tu es un brave et honnête garçon, fatou. Je te connais.
Il ne perdait point de vue Hélène, qui allait et venait.

— Où as-tu été ce soir, ami Nicaise? reprit M. Ledoux affectueusement.

— Ça ne vous regarde point, répondit le fatout avec gravité;
c'est moi qu'interroge, étant comme qui dirait, le père de la
demoiselle. C'est-il vrai que vous vous épousez avec elle pour
les écus qui sont dans la paillasse? Car, si vous me connaissez,
moi, je ne vous connais guère !

Il pensait, tout content de lui-même :

— De cette façon-là, je vas bien savoir !

M. Ledoux se mit à rire et le mena jusqu'à une table où il lui
versa son sixième verre de vin cuit. C'était trop. Le fatout
était la sobriété même et sa pauvre tête ne pouvait pas résister
à cet excès. M. Ledoux n'eût pas même besoin de protester de
son désintéressement. Nicaise, cédant à une exaltation inconnue, sans savoir désormais si c'était de la joie ou de la peine, se
jeta à son cou en pleurant et l'appela son maître, son père et
son fils.

Puis il marcha sur les mains au milieu de la chambre, car il
avait bien quelques talents d'agrément, et proposa de battre à
coups de poing six bourgeois de bonne volonté pour prouver
comme quoi il n'était pas une poule mouillée. Il criait à tue
tête :

— Vive M. Ledoux ! vive Mme Ledoux ! ce n'est point pour
les écus qui sont dans la paillasse !

Hélène, car elle n'était pas encore Mme Ledoux, venait de
passer dans la cuisine. Elle cherchait Mariole. L'absence d'Hélène rendit Nicaise trois fois plus brave, et je crois qu'il but son
septième verre, debout sur une table. Quand Hélène reparut
toute soucieuse, il alla vers elle en chancelant et lui dit :

— Ah ! demoiselle ! ah ! demoiselle ! Jamais vous ne le
saurez !

— Parles-tu de Mariole? demanda brusquement Hélène. Où
est Mariole?

Nicaise passa la main sur son front. Un éclair se fit dans les
brumes de son cerveau.

— La Poupette? balbutia-t-il, ce n'est point d'elle que je
parle, non... Ah ! quel bon mari vous aurez là, demoiselle !
c'est mon ami, maintenant !

Hélène le repoussa si fort qu'il faillit tomber.

— Elle est peut-être avec le père, pensa-t-elle.

Et elle monta l'échelle qui menait à la soupente. Nicaise but son huitième verre. Aussitôt que M. Ledoux vit Hélène à moitié chemin, il s'esquiva, passant à son tour la porte de la cuisine. Il était tout pâle et avait l'œil inquiet.

La cuisine était déserte. M. Ledoux connaissait les êtres parfaitement. Il entra dans une petite pièce humide et froide où l'on boulangeait le pain. La porte de cette petite pièce donnait sur une sorte de trou, dit le *vide-bouteilles*, qui était bordé par le mur d'enclos de la propriété. Au bout du vide-bouteilles s'ouvrait la porte de la grande cour extérieure, où l'Anglais Rogue et maître Salva se cachaient derrière la charrette. M. Ledoux, sortant de cette atmosphère chaude pour entrer dans une température glacée, frissonna et se dit :

— Je suis capable de gagner un rhume !

Il tira de sa poche un beau petit bonnet de soie noire et le mit prudemment sur sa tête, de façon à bien couvrir ses oreilles, qu'il avait sensibles, puis il traversa le vide-bouteilles, et vint jusqu'à la porte, où il s'arrêta pour écouter. On causait tout bas de l'autre côté du mur.

— Mes drôles sont là, se dit M. Ledoux avec une évidente satisfaction.

Il siffla doucement. Un coup de sifflet pareil répondit. M. Ledoux enleva aussitôt la barre de la porte.

— Enfin ! dit le boiteux, qui se présenta le premier. Vous étiez au chaud, vous, patron. Ici on a l'onglée !

— Je suis mort ! gronda Salva. Je ne sens plus ni mes pieds ni mes mains.

M. Ledoux répondit :

— Bonsoir, mes enfants. C'est précisément le passage du chaud au froid qui donne des rhumes. Entrez vite, je grelotte et un gros catarrhe est bientôt gagné !

Rogue et le juif passèrent le seuil, la porte fut refermée.

M. Ledoux les introduisit sans bruit dans le trou à la boulange. Là, à droite du pétrin, se trouvait une échelle toute semblable à celle qui montait de la salle commune à la soupente du bonhomme Olivat. Celle-ci menait aux greniers de l'auberge.

— Montez, mes enfants, ordonna M. Ledoux.

— Il fait nuit comme dans un four ! objecta Rogue.

— Montez toujours. Au grenier, vous aurez de la lune.

Le boiteux et le juif obéirent. M. Ledoux allait les suivre, quand il entendit un bruit dans la cuisine. Il arracha son bonnet de soie noire et entra bravement, le sourire aux lèvres.

— Franciot, dit-il à un valet qui mettait un chaudron de vin sur le feu, la demoiselle Hélène est tout inquiète, as-tu vu?

— Rapport à la Poupette, répondit Franciot; oui, monsieur Ledoux, j'ai bien vu.

— Si elle me demande, Franciot, tu vas lui dire que j'ai poussé jusque sur la route, voir un peu si je la trouve...

— Vous sortez, monsieur Ledoux! Vous n'aurez pas peur tout seul?

— Dieu merci, répliqua le collecteur, j'ai bon pied, bon œil et bonne conscience.

Là-dessus, il repassa la porte de la boulange, qu'il referma. Il remit alors son bonnet; ôta lestement son habit vert-pomme et le plia avec soin pour le glisser sous la huche.

— Ne vous impatientez pas, mes enfants, dit-il, nous avons de la marge. Il y a quelqu'un chez le bonhomme aux écus... Allez! nous attendrons que ce quelqu'un-là soit parti.

Les deux bandits continuèrent à monter. M. Ledoux les suivit.

L'échelle aboutissait à une trappe que Rogue souleva. Nos trois aventuriers se trouvèrent dans un grenier assez vaste, quoique très bas d'étage, où la lueur de la lune accusait vaguement une forêt de poutres et de traverses, formant la charpente de la maison.

— Tu as ta lanterne, Rogue?

— Oui, maître Gadoche, répondit le boiteux.

— Chut! fit M. Ledoux. Les vieilles poutres ont quelquefois des oreilles. Allume ta lanterne et appelle-moi : mon cœur; l'autre nom ne vaut rien ici.

Le boiteux battit le briquet, et bientôt une bougie allumée éclaira la route au milieu de l'inextricable fouillis de la charpente.

Nos trois compagnons se mirent en marche, étouffant le bruit de leurs pas. A mesure qu'ils avançaient vers la partie du grenier qui recouvrait la salle commune, le brouhaha de la fête augmentait.

— Halte! dit enfin M. Ledoux. Éteins!

Avant d'obéir à ce dernier ordre, Rogue tourna l'âme de la lanterne vers ses deux compagnons. La lumière frappa d'abord la figure terreuse du Portugais, puis un objet conique et tout noir qui était la tête du fiancé M. Ledoux ou de Piètre Gadoche, comme il plaira au lecteur de l'appeler.

Par crainte du rhume, à moins qu'il n'eût d'autres bonnes raisons, Piètre Gadoche avait rabattu son bonnet noir jusqu'à son menton. Ce bonnet, fait exprès pour de pareilles circonstances, avait des trous à la bouche, au nez et aux deux yeux.

— Et nous? grommela Rogue; ils vont voir nos figures.

— Vous, répondit le bandit en chef, vous n'avez pas courtisé la fille du bonhomme; on ne vous connaît pas. Moi, c'est tout le contraire, sans parler des vieux souvenirs, qui ne sont pas à mon avantage : J'ai déjà travaillé dans le pays... et dans la maison !

La lanterne éteinte, tout sembla d'abord ténèbres autour de Gadoche et de ses deux aides. Puis bientôt une lueur se fit à leur gauche; c'était un faible rayon passant à travers des planches mal jointes.

— C'est là, dit Piètre. Mais le bonhomme n'est pas seul. Écoutez !

Parmi les éclats de la fête, on pouvait distinguer le murmure de deux voix. Piètre dit encore :

— Arrangeons-nous à notre aise et attendons.

Il y avait là des bottes de foin en abondance. Chacun se fit un lit et une couverture.

— Est-ce que le vieux se laissera faire? demanda Salva.

Piètre Gadoche ne répondit point, et il y eut un silence. Puis Piètre dit très bas :

— Je vais vous expliquer notre cas en deux mots : C'est pour cette nuit le départ du Stuart. J'ai des renseignements précis et sûrs, par vous et par d'autres. Nos hommes attendent à la Hutte-aux-Fouteaux. Si on ne les paye pas comptant, aucun ne marchera. Il nous faut les louis d'or du bonhomme ou nous perdons d'un coup de cartes les livres sterling de mylord ambassadeur. Il nous les faut, les louis d'or : nous les aurons ! Si le papa beau-père s'endort vite, tant mieux pour lui, s'il reste éveillé, dame !....

Tout était dit. Un second silence suivit qui ne fut plus interrompu.

C'était la grande Hélène qui causait avec le bonhomme Olivat. Quand, tout à l'heure, elle avait poussé la porte de la soupente où son vieux père végétait depuis si longtemps, couché le jour comme la nuit sur son lit de souffrance, elle avait promené autour de l'étroite chambrette un regard avide, car elle espérait y trouver Mariole. Nous savons que Mariole n'y était pas.

Quoique à un degré moindre, le bonhomme Olivat était un peu dans la joyeuse condition où nous avons laissé notre ami Nicaise. Depuis l'incendie de sa maison du pont Notre-Dame, le vieux soldat n'avait pas bu sa chopine de vin miellé. Il était assis sur son grabat, le teint animé, l'œil brillant, et, à la vue d'Hélène, il cacha sous sa couverture quelque chose qui tinta. Le bonhomme Olivat était paralysé des deux jambes, mais il avait les bras bons.

— Tu n'as pas vu la Poupette, père? demanda Hélène en entrant.

— Je me moque bien de la Poupette, répondit gaillardement le bonhomme, la voilà assez grande pour gagner son pain dehors maintenant?... Ouvre la fenêtre, trésor. Il fait chaud, ce soir, m'est avis.

— Il fait très froid, mon père.

— Ouvre tout de même. J'ai chaud comme en août !

Hélène ouvrit et lança son regard inquiet sur la route. Elle crut y voir deux ombres, mais le vent ramassait à terre des tourbillons de poussière neigeuse. Hélène pensa qu'elle se trompait. Son père parlait. Elle aimait tendrement son père et se mit à écouter avec respect.

— Cela coûtera gros, ma grande, disait le bonhomme en soupirant, ce qui se boit et ce qui se mange en bas; mais on ne se fiance qu'une fois, n'est-ce pas vrai, à moins de veuvage? Et Dieu te préserve de perdre M. Ledoux, qui est un ange, vois-tu ! Figure-toi j'ai voulu lui parler tantôt de mon pauvre argent que j'ai eu tant de peine à ramasser. Ce n'était pas pour le lui donner, non ! Il est bon que je vous le garde. Les jeunes gens sont dépensiers, surtout aux premiers jours du ménage, mais enfin je voulais lui dire... Tu m'entends?... Il avait été parlé de sept cents louis... en l'air...

— Auriez-vous donc trompé M. Ledoux?

— Bon ! te voilà partie, toi ! J'avais dit sept cents écus, il avait entendu autrement, voilà tout. Mais rassure-toi, nous ne sommes pas si loin de compte. Les sept cents écus ont fait des petits... Et que disais-je donc? Ah ! il m'a fermé bel et bien la bouche quand j'ai voulu aborder ce sujet-là. C'est un homme qui ne connaît pas le prix de l'argent !

— Je le crois comme vous, mon père, et j'en suis tout heureuse.

— Tu le mèneras comme tu voudras, ma grande !... et crois-moi : amasse, amasse. Il n'y a qu'un bon et fidèle ami ici-bas, c'est l'argent... Voilà qui est surprenant, dis donc : j'ai bu plus que d'habitude, et cependant j'ai plus soif. Verse-moi encore un verre, et va danser; moi, je vais dormir comme un bienheureux !

Hélène ob it et donna un baiser au vieillard. Elle n'aurait point su dire pourquoi son cœur se serra quand sa bouche toucha ce front ridé, couvert de cheveux gris. Elle redescendit lentement l'escalier. Au bas, elle trouva Franciot, le valet, qui lui dit :

— M. Ledoux est dehors à chercher la Poupette.

— C'est bien ! répliqua-t-elle.

Mais les larmes contenues piquaient sa paupière. Elle pensait :

— Est-ce que Mariole irait m'abandonner ou mal faire?

Puis, songeant à son fiancé, elle se dit :

— Il est bon. Il a vu ma peine, et le voilà dehors par cette froide nuit !... Que peut-elle faire dehors? Ce chevalier de Saint-Georges amène dans ce pays de mauvaises gens, c'est sûr ! M. Ledoux avait bien raison de le dire : il se passe ici quelque chose de singulier ce soir. J'ai peur !

— Dansez, la fiancée ! cria-t-on de toutes parts. Votre main au fatout, qui s'est donné du cœur avec votre vin cuit, et dansez, dansez, la fiancée !

— Si vous n'étiez pas trop fière, demoiselle, dit Nicaise, rayonnant comme un soleil, j'en serais tout de même bien flatté jusqu'à la fin de mes jours d'avoir dansé en votre compagnie !

Le fifre et le violon grincèrent des notes impossibles et le bal recommença.

Resté seul, le bonhomme Olivat but d'abord la moitié de son vin miellé. Cela lui fi. plaisir et il dit :

— Quel beau brin que ma grande ! et comme mon gendre aura

le nez long. si elle le prend seulement à poignée et qu'elle tire à
sa force !

Il eut un paisible éclat de rire et sortit de dessous sa couverture cet objet qu'il avait caché à l'entrée d'Hélène et qui avait
tinté. C'était un sac d'argent de respectable grosseur où les
louis, les pistoles et les écus étaient enfermés pêle-mêle. Le
bonhomme Olivat avait raison en un sens : c'était là son meil-
leur ami, ou tout au moins ce qu'il aimait le mieux au monde
avec sa grande Hélène. Cela ne le quittait point; cela lui tenait
compagnie fidèle : il causait avec cela quand il était tout seul,
et, grâce à cela, ne savait pas ce que c'était que l'ennui dans sa
retraite. Les avares sont des fous.

Les pièces diverses roulèrent et se mirent à chanter tout
doucement comme il versait avec précaution le contenu du sac,
entre ses deux genoux perclus, sur la couverture. A cette musique, ses traits flétris eurent un joyeux tressaillement. Il
commença avec lui-même cette partie tant de fois jouée
et toujours divertissante, qui consistait à mettre les louis
avec les louis, les pistoles avec les pistoles, les écus avec les
écus.

Il était, en vérité, ce vieil homme, comme ces bons pasteurs
qui connaissent, par leur nom, tous les agneaux de leur troupeau, et qui les aiment, un par un. tant ils ont un tendre cœur !
Il aimait non seulement son trésor, mais toutes les parties de
son trésor, depuis les belles pièces de 48 livres jusqu'à ces
humbles coins, effacés à demi. qui ne valaient que trente sols; il
en savait la physionomie, l'oxydation, le millésime. Au passage
il leur souriait avec bonté. Eux tintaient joliment sous son
doigt, comme des oiseaux privés qui chantent pour leur
maître.

— Le plus souvent, murmurait-il, que j'aurais pris un
gendre pour lâcher tout cela ! Vous êtes bien avec moi, pas vrai,
petiots? Vous n'avez pas envie de vous en aller, hein? Ah ! mes
bénis, moi non plus, je n'ai pas l'idée de vous laisser partir?

Et c'étaient des caresses !

— Seulement, reprenait-il, sans la tante Catherine, les petits
et cette Poupette, il y en aurait un tiers de plus. Ma grande a
des défauts, on n'est pas parfait : il faut qu'elle nourisse toute
cette engeance !... Bien, bien ! qui vivra verra. J'en toucherai
deux mots à Ledoux ! Et Ledoux n'est pas une bête !

Ses yeux se voilaient, sa tête allait et venait : le sommeil le guettait, un heureux et tranquille sommeil. Les avares n'ont pas de conscience.

A un moment, il crut entendre des pas qui glissaient derrière sa tête, de l'autre côté de la cloison.

— Tiens, tiens ! grommela-t-il, voilà déjà que je rêve ! Qui donc serait au grenier à pareille heure et aujourd'hui?

Il prêta l'oreille pourtant car les gens de sa sorte sont défiants jusqu'au fon de l'âme; mais le bruit avait cessé.

— A odo, bijoux ! reprit-il, complètement rassuré déjà. Je savais bien qu'il n'y avait personne... A dodo ! Et vite ! nous n'allons faire qu'un somme jusqu'à demain !

Les louis, les pistoles et les écus retournèrent dans le sac, qui fut ficelé d'une main encore ferme et fourré sous le traversin, derrière le matelas. Après quoi, le bonhomme Olivat but le reste de son vin et souffla sa chandelle. Ses yeux se fermèrent aussitôt qu'il eut la tête sur l'oreiller. Son sac était son âme. Il s'endormit du sommeil des avares, qui, dit-on, voient encore au travers de leurs paupières closes.

Certes, il eût gardé ses paupières grandes ouvertes et l'oreille au guet, s'il avait pu soupçonner qu'au moment où le bruit cessait, ce bruit qu'il avait entendu derrière lui, dans le grenier, et qu'il prenait pour le premier symptôme du rêve, un œil se collait à la fente de la cloison et épiait tous ses mouvements. Cet œil aigu, clairvoyant, subtil, l'avait vu refermer son sac et le placer à la tête de son lit.

Il appartenait, cet œil perçant, au plus désintéressé de tous les gendres, M. Ledoux, collecteur des gabelles, autrement dit Piètre Gadoche, sans profession.

Le sol du grenier était sensiblement au-dessus du plancher de la soupente. Pour arriver du grenier au petit carré qui donnait accès dans la soupente, il fallait descendre quelques marches et longer un étroit couloir. Piètre Gadoche et ses compagnons attendirent un quart d'heure, puis s'engagèrent dans cette voie. Ils étaient faits à des voyages de ce genre, car les planches mal jointes ne rendaient aucune espèce de son sous leurs pieds.

Du petit carré où ils parvinrent enfin, ils auraient pu jeter un regard sur le bal qui s'agitait au-dessous d'eux et où Mariole, revenue, évitait les yeux sévères de sa grande sœur.

Mais ils n'avaient garde. Ils se coulaient un à un le long de la muraille et retenaient leur souffle. La porte du bonhomme n'était fermée qu'au loquet. Piètre Gadoche l'ouvrit avec une extrême adresse, et tous trois entrèrent. A eux trois, ils emplissaient presque la chambrette exiguë.

— Mes enfants, dit Piètre à l'oreille du boiteux et du juif par le trou de son masque de tricot, j'aurais pu faire la besogne tout seul, c'est clair; je ne vous ai pourtant pas amenés pour des prunes. Moi seul, je dois m'en aller par le chemin que nous avons suivi. Vous, voici votre route.

Il montrait la fenêtre.

— On nous verra, objecta Rogue.

— Il faut qu'on vous voie, dit froidement Gadoche. La forêt est à deux pas, et ces gens-là n'ont pas d'armes à feu... A la besogne !

Il s'approcha du lit. Le boiteux et le juif restaient tout décontenancés. Gadoche enfonça son bras sous le traversin sans hésiter, saisit le sac d'un mouvement sûr et le tendit à Rogue, qui le prit.

— Ouvrez la fenêtre, ordonna-t-il.

A ce moment, le vieillard, éveillé en sursaut, se dressait sur son séant; la lumière de la lune, passant par la croisée, le frappait en plein visage. Son regard tomba sur cette tête noire penchée au-dessus de lui. Il voulut s'écrier; les deux mains de Gadoche se nouèrent autour de sa gorge.

— Sauve qui peut ! commanda le bandit.

Rogue sauta sur l'appui de la croisée, de même Salva. Ils se mirent à courir sur le toit de la grange, qui allait jusqu'à la grande route.

Nous l'avons dit cependant, les jambes du vieux soldat étaient paralysées, mais non ses bras. Étranglé qu'il était, il fit un effort désespéré, et les cinq doigts de sa main droite s'enfoncèrent profondément dans les chairs du bras gauche de Gadoche. La lutte fut courte, mais terrible. Quand Gadoche lâcha prise, la tête du bonhomme Olivat retomba inerte.

Gadoche mit alors son torse tout entier hors de la fenêtre et cria à pleine voix :

— A l'assassin ! Sur le toit ! sur le toit ! A la grande route ! Poursuivez-les !

Puis, enfonçant d'un puissant coup d'épaule la frêle cloison, il s'élança dans le grenier pour redescendre l'échelle de la boulange, où était son habit de marié.

Tout était confusion dans la salle basse, où l'on avait entendu ces cris sinistres, qui semblaient venir du dehors. On s'élança en tumulte vers la porte extérieure. Ceux qui sortirent les premiers purent voir deux hommes sauter du toit de la grange, traverser la route et disparaître sous bois. L'un d'eux boitait.

X

Au moment où s'élevait le cri sinistre de Piètre Gadoche,
donnant lui-même l'éveil, la grande Hélène se rapprochait de
Mariole tremblante, pour lui demander compte de son absence.
Mariole était rentrée par la porte du jardin, qu'elle avait trouvée ouverte, et Franciot lui avait dit, comme elle passait dans
la cuisine :

— Tiens ! la Poupette ! M. Ledoux est à courir après vous
dans les champs.

Mariole avait défiance de M. Ledoux. Elle pensa que la
conduite de M. Ledoux n'avait d'autre but que de mieux
faire remarquer son absence. La catastrophe qui termine notre
dernier chapitre coupa court à l'interrogatoire dont elle était
menacée.

Pendant que tout le monde se précipitait vers la porte extérieure, Hélène seule courut à l'escalier, qu'elle monta rapide-
ment, quoique ses jambes tremblassent sous le poids de son
corps. Elle appela son père dès le carré ; elle l'appela du seuil
de la porte. Son père ne pouvait plus lui répondre.

Elle entra. C'était une fille au cœur vaillant. Elle ralluma
elle-même le flambeau qui restait sur la table de nuit de son
père et se trouva en face d'un spectacle qui dépassait tout ce que
sa terreur aurait pu imaginer.

Le bonhomme Olivat était couché sur le dos, les yeux hors
de leurs orbites, la langue tirée et noire. Il avait au cou d'hor-
ribles traces, suites du genre de mort qui lui avait été infligé par
une main évidemment très habile. Aucune arme ne l'avait
frappé ; vous eussiez dit l'œuvre d'un tigre.

Son bras gauche reposait sur la couverture, son bras droit pendait hors du lit, et la main de ce bras, terriblement crispée tenait encore un lambeau sanglant, qui était la chair arrachée au bras de l'assassin.

Hélène ne pleurait point. Elle tâta premièrement la poitrine de son père, puis le pouls du bras gauche, car ce lambeau rouge que tenait la main droite lui faisait peur. Il n'y avait plus aucun signe de vie, quoique la chaleur naturelle restât complète.

Un sanglot s'arrêta dans la gorge d'Hélène.

— Pauvre vieux père ! dit-elle.

Le son de sa propre voix la secoua comme un grand cri.

Elle souleva le traversin et vit la place vide laissée par le sac. C'étaient des voleurs. La première pensée de colère et de vengeance naquit en elle, quand le traversin, en retombant, éparpilla les cheveux blancs du vieillard. Elle le baisa au front; elle essaya de fermer sa bouche et ses yeux, mais elle ne put.

On entendait mille cris confus au dedans et au dehors. Elle resta un instant immobile à écouter, puis elle s'agenouilla et mit la chandelle par terre, pour examiner enfin cette chose informe et rouge qui pendait au bout du bras droit.

C'était la main qui avait combattu : Une bonne main, et dont le vieillard vantait encore souvent la force remarquable, quand il avait une heure de gaieté.

Cette main avait si profondément labouré le bras de l'assassin, que chacun des ongles, celui du pouce comme ceux des quatre doigts, gardait un lambeau de toile, coupé net et franc, un lambeau de peau et une portion de muscle. Le tout se rejoignait dans le creux de la main à un morceau d'étoffe plus considérable, qui venait de ce fait que la chemise du meurtrier inconnu s'était déchirée à l'emmanchure.

Une marquise peut-être n'eût pas raisonné si vite et si bien qu'Hélène Olivat dans cette circonstance, parce qu'il arrive aux marquises de n'être point expertes en fait de lingerie. Mais Hélène était lingère, comme elle était tout à la maison. C'était elle-même qui taillait et cousait les chemises de son père.

Elle vous eût dit, après quelques secondes d'un rapide examen, à quel endroit précis les ongles du vieillard avaient attaqué le bras de l'assassin. Elle voyait la blessure faite, elle la voyait en sa forme et en sa profondeur; elle la voyait de ses yeux, comme vous lisez cette ligne.

Elle resta un instant agenouillée et tâchant de prier; elle ne put.

— Je le retrouverai, dit-elle en se levant, j'en suis sûre !

Elle descendit d'un pas ferme, et quand elle arriva au milieu du bruit confus qui emplissait le rez-de-chaussée, elle n'eût pas besoin de parler pour imposer silence à tous.

— Qu'avez-vous vu? demanda-t-elle.

— Le père Olivat est-il blessé? interrogea Mariole, qui essaya une caresse.

Hélène la repoussa.

— Le père Olivat n'est pas blessé, répliqua-t-elle d'un accent étrange. Qu'avez-vous vu? Répondez en peu de mots et clairement. J'ai besoin de savoir.

Vingt bouches s'ouvrirent, vingt voix s'élevèrent, mais personne ne dit plus d'un mot. Elle saisit le bras du fatout, qui avait perdu ses belles couleurs, et lui dit :

— C'est toi que je veux entendre. Va. Parle, et ne mens pas !

Nicaise regarda Mariole, qui pleurait parce qu'on l'avait repoussée.

— Demoiselle, balbutia-t-il, j'ai vu deux hommes s'ensauver du toit de la grange, et je craignais que M. Olivat n'ait eu du mal.

— Connais-tu ces hommes?

— Oui, demoiselle... un surtout, le boiteux.

— Où les avais-tu vus?

— Ici.

— Quand?

— Aujourd'hui.

— Comment les appelles-tu?

— Je ne sais pas leurs noms.

— Que font-ils?

— Ce sont des amis au jeune braconnier... M. Raoul...

Mariole essuya ses yeux et devint attentive. Hélène dit :

— Celui qui sert le jeune vagabond qui prend le nom de roi d'Angleterre !

— Soupçonnez-vous M. Raoul? s'écria Mariole hors d'elle-même. Je peux faire serment...

Elle s'arrêta, épouvantée de son imprudence.

— Est-ce M. Raoul, demanda durement Hélène, que tu as été chercher cette nuit, Mariole?

— Oui, demoiselle, répondit M. Ledoux, qui reparut à l'improviste, calme, propre, un peu pâle peut-être, mais tiré à quatre épingles dans son pourpoint vert-pomme. C'est pour chercher M. Raoul que l'enfant est allée dehors : je l'ai vue... et j'ai vu aussi les deux hommes dont parle le bon Nicaise. Ils fuyaient vers la Croix-Aubert. Ils appartiennent à ce Raoul, qui appartient lui-même au chevalier de Saint-Georges.

— Le chevalier de Saint-Georges est un bon chrétien ! protestèrent quelques voix; nous le voyons à l'église, agenouillé pieusement...

D'autres voix repartirent :

— C'est un Anglais !

Hélène avait baissé la tête. Mariole cachait son visage entre ses mains, Nicaise était atterré.

— Demoiselle Hélène, poursuivit M. Ledoux, qui lui prit affectueusement la main, je suis sorti d'ici pour vous rendre service, et je ne sais pas encore ce qui s'est passé dans votre maison. Je vois toutes les figures atterrées, et il semble que la joie de nos fiancailles est remplacée par un grand deuil. J'ai entendu pourtant que vous disiez : Mon père n'est pas blessé...

— Mon père est mort, répliqua Hélène d'une voix sombre.

— Assassiné? demanda M. Ledoux avec une horreur très naturellement jouée.

— Assassiné ! répéta Hélène.

— Je m'en doutais ! dit M. Ledoux, pendant que l'assemblée entière s'agitait épouvantée.

Mariole tomba brisée sur un siège, et Nicaise s'écria en fermant les poings.

— Ah ! les coquins ! les coquins ! tuer le père de la demoiselle !

La scène alors, entre Hélène et son promis, prit un caractère véritablement étrange, même dans ce pays lorrain, qui avait la réputation d'aimer l'argent par-dessus tout.

— Demoiselle Olivat, dit M. Ledoux d'un ton paisible et poli, les affaires sont des affaires. Il n'y a dans les marchés que ce qu'on y met...

— Attendez à demain ! attendez à demain ! conseillèrent quelques gens de la noce. Vous êtes dans votre droit, mais il faut de la convenance !

M. Ledoux ne voulut point écouter cet avis des gens de la noce. Il continua très doucement :

— Les malfaiteurs ont-ils enlevé les économies de votre père?

— Oui, répondit Hélène d'une voix si changée qu'on eut peine à l'entendre; toutes ses économies.

Mais elle ajouta fermement :

— N'ayant plus de bien, monsieur Ledoux, je vous rends votre parole.

— Gredin ! s'écria Nicaise, qui s'élança les poings fermés sur le collecteur. Tu n'aimais donc que les écus de la demoiselle !

Ce fut Hélène elle même qui l'arrêta et le repoussa à l'écart.

— Demoiselle Olivat, re, rit le fiancé, parmi les murmures de l'assemblée, cela me coûte de rom, re l'affaire, j'avais bien de l'affection pour vous; mais je suis jeune et je dois soigner mon avenir. Je res.e votre ami, et si vous aviez quelquefois besoin d'aide...

— Adieu, monsieur Ledoux, dit Hélène, qui lui montra du doigt la porte. Vous avez assez parlé.

Nicaise ouvrit les deux battants tout grands. Les gens de la noce regardèrent cette issue d'un œil d'envie. Chacun aurait voulu être dehors. M. Ledoux salua à la ronde, et certes, on lui fit un peu les gros yeux, mais il y avait là bien des esprits sages qui l'eussent approuvé s'il eût seulement attendu au lendemain. Ces esprits sages ne savaient pas que M. Ledoux n'avait pas le temps d'attendre, et qu'il jouait là une comédie aussi bien combinée qu'audacieuse. Il se dirigea vers la porte. Nicaise, rendu brave par l'excès de sa colère, lui mit le poing sous le nez. M. Ledoux ne s'en inquiéta guère.

— Demoiselle Hélène, dit-il un instant arrêté sur le seuil, je ne vous dis point adieu, je vous dis au revoir. Il y a longtemps que je surveille les menées du chevalier de Saint-Georges et de sa bande : je suis dans le pays pour cela. Je vous aiderai à trouver l'assassin de votre père, sachez-le bien, et vous entendrez bientôt parler de moi.

— Restez ! s'écria Hélène. Parlez !

Mais il était déjà parti.

Je ne sais comment cela se fit : un quart d'heure après, l'auberge du Lion-d'Or était vide. Pas une âme ne restait dans la salle commune, dont la porte était toujours grande ouverte. En haut, Hélène était à genoux devant le lit de son père. Derrière elle, Nicaise et Mariole sanglotaient.

Hélène se retourna tout à coup, l'œil égaré, la bouche crispée.

— Que faites-vous encore ici? demanda-t-elle.

Ils ne répondirent que par leurs larmes.

— Allez-vous-en, reprit-elle. Je n'ai plus de pain à vous donner !

— Ma sœur ! murmura Mariole, ma bonne, ma bien-aimée sœur !

— Ah ! demoiselle ! dit le fatout, dont la pauvre bonne figure suppliait, si vous saviez !...

— Allez-vous-en ! allez-vous-en ! reprit Hélène avec exaltation. Je suis pauvre; on abandonne les pauvres. Mon père avait raison; les hommes sont méchants : tous les hommes ! Il n'y a que l'argent, et pour de l'argent on tue ! Je chasserai la tante Catherine, je chasserai les petits, je vous chasse !

Au lieu d'obéir, ils s'agenouillèrent tous deux, l'un à droite, l'autre à gauche, Hélène regarda Mariole, douce sous sa couronne fleurie qui faisait contraste avec son immense douleur; elle ne fut point touchée. Elle regarda Nicaise, dont toute l'âme candide et dévouée était dans ses pauvres yeux; elle garda sa colère.

— Je vous chasse, répéta-t-elle, je vous chasse. Sortez ! je vous dis de sortir !

Mais ses deux mains se portèrent à son front, et elle tomba dans leurs bras évanouie.

Au dehors, les gens de la noce suivaient, en caravane, le chemin de Bar-le-Duc. On ne se quittait point, par crainte de ces terribles malfaiteurs, qui infestaient le pays. On causait pour abréger la route, et, Dieu merci, il y avait de quoi causer !

M. Ledoux seul manquait pour plaider sa cause, car il fut attaqué un petit peu au début du voyage. Mais, en définitive ces Olivat avaient du malheur ! c'était la seconde fois ! On n'est pas pressé d'entrer dans une pareille famille.

Combien le bonhomme pouvait-il avoir dans sa paillasse? Le voleur avait fait un joli coup ! A mesure que la route avançait, l'unanimité se faisait, au sujet de la conduite de M. Ledoux. Il n'y a dans les marchés que ce qu'on y met. Et c'était une maison de malheur ! Aux portes de Bar-le-Duc, on trouvait que M. Ledoux avait été bien honnête de prendre une si belle paire de gants pour rompre cette mauvaise affaire. Il aurait pu s'en aller sans rien dire.

M. Ledoux, qui occupait si fort les gens de la noce, et qui le méritait mieux encore qu'aucun ne le pouvait penser, marchait seul, dans une direction tout opposée, en pleine forêt. Malgré le froid qu'il faisait, il avait dépouillé son pourpoint vert-pomme, et allait en manche de chemise, avec son mouchoir, noué du mieux qu'il avait pu, autour de son bras gauche, immédiatement au-dessous de l'épaule. La glace avait beau durcir la terre, quoique M. Ledoux avançât très lentement, il avait le visage inondé de sueur. De temps en temps, des gémissements s'échappaient de sa poitrine.

Les événements que nous avons racontés avaient couru la poste. Il était à peine dix heures du soir. A vingt minutes de chemin environ de l'auberge du Lion-d'Or, dans la direction du nord-ouest, M. Ledoux quitta la route battue et s'engagea dans le fourré, la main droite au-devant du bras gauche pour éviter le choc des branches. Au bout de quelques pas, il entra dans une clairière au centre de laquelle une masse sombre se montrait, parsemée de raies faiblement lumineuses.

C'était une ancienne cabane de sabotiers, connue dans le pays sous le nom de la Hutte-aux-Fouteaux. Fouteau est le sobriquet du hêtre et les sabotiers de la hutte avaient exploité autrefois, à cet endroit, un quartier de hêtre, qui était maintenant la clairière.

Les lèvres de M. Ledoux lancèrent le coup de sifflet qui avait déjà ouvert, une heure auparavant, la porte de derrière de l'auberge. La porte de la hutte roula sur ses gonds et laissa voir une trentaine d'hommes, armés jusqu'aux dents pour la plupart, empilés dans un étroit espace.

L'entrée de M. Ledoux fut saluée par une acclamation. Lui se laissa tomber sur un billot et dit :

— Saunier est-il ici ?

En même temps, il rejeta son pourpoint posé en écharpe sur son bras gauche, qui était rouge de sang depuis l'épaule jusqu'au poignet.

— Saunier ! docteur ! crièrent des voix. Maître Gadoche est blessé !

Quand Saunier, le docteur, bandit à la figure farouche,

mais singulièrement intelligente, s'approcha de maître Gadoche, celui-ci était prêt à se trouver mal.

— Oh ! oh ! dit Saunier avant même d'avoir retiré le mouchoir. Mordu par un loup, capitaine ! Il n'y a là ni plomb, ni fer !

— Déchiré par un mourant ! répliqua Gadoche d'une voix
faible.

— C'est venimeux, cela ! gronda Saunier, qui était un fort
habile homme, comme nous allons le voir, mais qui avait les
préjugés de son temps. N'allez pas vous évanouir, capitaine !
Les pansements ne valent rien, faits pendant la syncope. Vous
autres, de l'eau et du brandevin !

Plusieurs gourdes furent apportées, et Gadoche, ravivé,
releva la tête.

— Rogue et Salva sont-ils arrivés? demanda-t-il, pendant
que Saunier dénouait le mouchoir avec précaution.

— Oui, capitaine, répondit le boiteux lui-même. Ne vous
inquiétez pas. Nous sommes ici avec l'argent.

— C'est bien, dit Gadoche, Alors docteur, fais vite !

Sous le mouchoir enlevé, il n'y avait point de chemise.
Nous savons que la manche presque entière était restée aux
ongles du bonhomme Olivat. Une blessure apparut aux lueurs
de la chandelle tenue par le docteur, une blessure si large, si
profonde, si terrible en un mot, qu'une longue exclamation
courut parmi la foule des bandits.

Certes, pour avoir montré une figure froide et calme
pendant sa scène d'adieux avec Hélène, il fallait que M. Ledoux eût en lui une énergie peu ordinaire.

Le muscle du bras était littéralement déchiré jusqu'à l'os
comme s'il eût été touché par la griffe d'une panthère. Gadoche
dit :

— Guérirai-je?

— Oui, capitaine, répondit Saunier; avec le temps, j'espère.

D'une main habile et ferme, le médecin bandit commença
le pansement. Gadoche restait immobile, muet et blanc comme
un marbre.

Quand le pansement fut achevé, et il dura longtemps, Saunier ordonna un repos absolu; mais Gadoche dit : « Pas encore ! » Il ajouta :

— Maître Saunier, voilà de l'arg.. ' qui me coûte cher et
qui doit nous rapporter gros. Combien sommes-nous ici?

— Trente-trois en vous comptant capitaine.

— Prenez le sac. Quoi qu'il y ait dedans, faites quarante-
cinq parts, dont il y aura dix pour moi... à moins qu'on ne
trouve que je ne les ai pas bien gagnées.

— Vive le capitaine ! cria la troupe en chœur.

— Dix pour moi, répéta Gadoche, deux pour vous, deux
pour Lapierre et Tontaine, mes deux lieutenants, une pour
chacun des autres...

— Nous étions de l'affaire ! s'écrièrent à la fois Rogue et
le juif.

— J'ai dit ! répliqua Gadoche.

— Et si vous avez quelques réclamations faire valoir, mes
anges, ajouta Tontaine, un gaillard qui mesurait six pieds de
haut, je vous prie de vous adresser à moi, par préférence.

Pendant qu'on opérait le partage, Gadoche s'étendit sur
un lit, improvisé à l'aide de feuilles sèches et de manteaux.
On le croyait assoupi; mais aussitôt que le partage fut achevé,
il se souleva sur son coude droit et ordonna à la bande de faire
le cercle autour de lui.

— Mes enfants, dit-il, le nommé Cartouche qui se fait passer
pour le premier chef de bandits qui soit au monde se serait
évanoui comme une vieille femme, s'il avait souffert seulement le quart de ma torture. C'est venimeux, la griffe d'un
mourant, je sens cela, le docteur a raison. Mais je ne m'éva-
nouis pas, parce que je suis Pière Gadoche, et non point
Louis-Dominique Cartouche. Demain je serai debout.

— Vive le capitaine ! ponctua la bande, qui était contente
de sa part de prise.

— J'ai fait ce soir, poursuivit Gadoche, un bout de comédie que ledit Cartouche, qui a volé sa réputation, aurait mis
cent ans à inventer. J'ai joué le Lorrain, comme si j'étais né
en Normandie ! Je me suis fait passer pour un croquant,
grippe-sou et le reste, afin qu'on ne me soupçonnât point
d'être un assassin... Est-ce Cartouche qui vous parlerait si
librement avec son bras dans l'enfer?... Il y a des choses que
j'ai remarquées. Les bandits sont larges et généreux, parce
que l'argent ne leur coûte qu'un coup de couteau. Singez le
petit bourgeois effronté qui marchande sans vergogne, jamais
on ne vous fera l'honneur de croire que vous êtes capable d'un
meurtre. J'ai agi en conséquence : au lieu de me sauver comme

Rogue et Salva, j'ai pris la peau de M. Ledoux, le collecteur;
j'ai été lâche, avaricieux et gredin comme une douzaine de
gabelous. Ma réputation est faite... en outre, j'ai placé un
jalon sur notre route future, j'ai gardé la possibilité de pro-
téger mon ancienne fiancée et de lui montrer du doigt quelque
jour un des serviteurs du roitelet anglais, en lui disant : Voici
l'assassin de votre père !

— Bravo, capitaine, clama le chœur.

Le médecin Saunier ajouta :

— Ce Cartouche n'est qu'un polisson auprès de vous !

Nous raconterons plus tard, quand nous aurons un instant,
l'histoire v ridique et curieuse de ce médecin Saunier.

— Maintenant, mes enfants, reprit Gadoche, si je pouvais
vous dire : En avant et marcher à votre tête, toutes ces pré-
cautions de comédie seraient bien inutiles, car je serais sûr
d'en finir cette nuit avec les Lorrains et la Lorraine, mais
quand je ne suis pas là, je ne réponds de rien, et me voilà cloué
sur ce lit, pas vrai, Saunier?

— Si vous bougiez, capitaine, répondit le médecin, vous
seriez un homme mort.

— Alors, maître ! s'écria le géant Tontaine, donnez-nous
seulement vos instructions, et vous verrez de quel bois on se
chauffe !

Lapierre, l'autre lieutenant, fit une déclaration analogue.

Gadoche soupira et poursuivit :

— Il le faudra bien, mes enfants; je n'ai pas le choix. Mes
instructions ne seront pas longues. Le chevalier de Saint-
Georges part à minuit : vous allez monter à cheval. Le territoire de Bar-le-Duc finit à la Font-de-Farge, sur la route de
Reims : vous vous posterez à la Font-de-Farge...

— Et quand le roitelet passera... commença Tontaine en
faisant le geste de mettre en joue.

— Feu ! interrompit Gadoche avec toute son énergie réveillée. Si vous visez bien, chacune de vos balles de plomb
vaudra mille fois son pesant d'or hollandais !

XI

COMMENT RAOUL ET LES DEUX MESSIEURS DE COËTLOGON
FIRENT LEUR TESTAMENT EN PLEIN CHAMP, CETTE NUIT

Quelques minutes après, maître Piètre Gadoche restait
seul dans la Hutte-aux-Fouteaux, avec son médecin ordinaire,
le docteur Saunier. La troupe tout entière courait la forêt à
cheval, commandée par les deux lieutenants. C'était une collec-
tion d'aventuriers hardis et pour la plupart anciens soldats
mercenaires. Tous connaissaient le maniement des armes et
pouvaient passer pour de bons cavaliers.

Tontaine détacha quelques-uns d'entre eux qui se portèrent
en éclaireurs vers la Croix-Aubert, tandis que le gros de la
troupe se dirigeait, au grand galop, directement sur la Font-
de-Farge, où l'attaque devait avoir lieu.

A la Croix-Aubert, tous les préparatifs de départ étaient
faits et le chevalier de Saint-Georges allait monter à cheval,
quand Raoul revint de son expédition à l'auberge du Lion-d'Or.

Les avis donnés par Mariole devaient changer du tout au
tout les dispositions du voyage. Pendant que Jacques Stuart,
cédant aux pressantes sollicitations du vieux baron Douglas,
passait sous son pourpoint une fine cotte de mailles, légère
comme un tissu de soie et qui pourtant était à l'épreuve de
l'épée, Raoul, lady Mary Stuart et les deux cadets de Coëtlogon tinrent conseil.

Raoul ne cacha rien de ce qu'il avait appris : Les estafiers
de mylord ambassadeur étaient en campagnes et prévenus;
lui-même, Raoul, avait déjà essuyé un coup de feu en se ren-
dant à l'auberge du Lion-d'Or. Selon toute probabilité, le
roi était trahi par quelqu'un de sa propre maison, et le scélérat
déterminé qui avait pris en quelque sorte à forfait l'entreprise

de la capture ou du meurtre du dernier Stuart, connaissait heure par heure, tout ce qui se passait à la cour exilée.

Fallait-il passer outre? Fallait-il remettre la tentative de fuite à une autre nuit?

La Cavalière avait la vaillance d'un homme sous sa charmante enveloppe de jeune fille. Elle ne permit pas même qu'on allât aux avis, et décida tout d'abord que Jacques Stuart devait partir sur l'heure. Seulement il fallait prendre des mesures pour détourner le danger de la personne du roi.

La délibération fut courte et solennelle, Raoul avait parlé, proposant un plan que la suite expliquera. Tout le monde adoptait son avis.

— Vicomte, objecta cependant la Cavalière, vous êtes un noble cœur : mais, si vous allez seul, le plan ne réussira pas. Comment croire que le roi marche sans compagnie?

— J'aurai mes deux serviteurs, répondit Raoul.

— Ils ont manqué tous les deux, cette nuit, à l'appel, dit Drayton, qui entrait en costume de campagne. Le roi est prêt et attend.

Les deux Coëtlogon, Yves et René, firent ensemble un pas vers la Cavalière. Elle regarda d'un œil ému ces deux adolescents aux fronts pareils : sourires d'enfants, tailles de héros.

— Non... non ! dit-elle avant qu'ils eussent parlé, c'est aller à la mort !

— Milady, prononça Yves doucement, vous ne pouvez pas nous refuser.

— La sûreté du roi, ajouta René, est à ce prix !

— Mais, murmura-t-elle indécise et ne pouvant empêcher sa voix de trembler, ce sont vos existences que vous donnez au roi !

— A vous, madame Mary, à vous, répliquèrent-ils, penchés sur sa main tous les deux, et nous ne vous donnons rien, puisqu'elles vous appartiennent !

— Que Dieu vous aide, messieurs mes chers amis, prononça lentement la Cavalière en relevant sa blanche main jusqu'à leurs lèvres; moi, je vous remercie !

Ils se redressèrent la joie et l'enthousiasme dans les yeux.

— Monsieur le vicomte nous accepte-t-il pour écuyers? demanda Yves.

Raoul leur tendit ses deux mains et les attira contre sa poitrine.

Les chevaux piaffaient dans la cour. Raoul et ses deux nouveaux compagnons sautèrent en selle. La cavalcade, en comptant Mary Stuart de Rothsay et le vieux Douglas, qui, ne pouvant prévenir l'entreprise, avait voulu marcher au premier rang, se composait, comme la troupe ennemie, d'une trentaine d'épées.

Les portes de la cour ayant été ouvertes, la cavalcade partit en silence et dans l'ordre suivant, déterminé par Raoul, à qui le chevalier de Saint-Georges avait donné carte blanche.

En tête chevauchaient Thomas Erskine, le veneur et le Français Bouchard, intendant des écuries, avec quatre valets-écuyers; puis venait mylord baron Douglas, que suivait son service privé, composé de trois hommes à la livrée du roi.

Le roi venait ensuite, ayant à sa gauche Drayton, à sa droite lady Mary Stuart de Rothsay en costume d'amazone et armée. Devant, derrière et autour de ce groupe principal, une garde de dix hommes allait.

L'arrière-garde était composée de Raoul, des deux Coëtlogon et de quelques valets.

Dès le commencement de la route, un incident de pénible augure se produisit. Un des hommes de la suite privée du roi se déroba sur la gauche du sentier de chasse et disparut au grand galop dans les fourrés.

On n'avait plus à chercher le traître qui avait vendu le projet de départ; on n'avait plus à douter non plus des informations toutes fraîches qui allaient être portées à l'ennemi. Heureusement qu'aucun témoin n'avait assisté au conseil tenu entre la Cavalière et ses fidèles.

La neige avait cessé, mais de gros nuages, noirs au centre, argentés sur leurs bords couraient encore au ciel, où la lune pleine se montrait parfois soudain, dans tout ce radieux éclat que lui donne l'hiver, pour se replonger bientôt dans les vapeurs errantes.

Plusieurs fois, pendant qu'on était encore dans les coupes de Behomme, on vit et l'on entendit les cavaliers qui semblaient échelonnés en espions sur la route. Par cette nuit claire, il eût été assurément possible de les atteindre; mais l'ordre exprès du vicomte Raoul était de ne point s'écarter et surtout de ne point faire usage des armes à feu. Du reste, l'ennemi semblait

avoir un mot d'ordre pareil. Aucun coup de mousquet ne fut
tiré par les cavaliers mystérieux.

Vers une heure du matin, la cavalcade, laissant Bar-le-Duc
au loin sur sa gauche, arriva à la route de Verdun, au bord de
laquelle l'hôtellerie du Lion-d'Or, naguère si pleine de lumières
et de bruits, se dressait maintenant silencieuse et noire. Une
seule lueur s'y pouvait découvrir; elle partait de la petite
fenêtre de la soupente où la grande Hélène veillait sans doute
au chevet de son père mort.

Aussitôt que l'escorte du roi eut touché la route de Verdun, un parti, commandé par Thomas Erskine, s'en détacha et
tourna au galop vers le nord, tandis que le gros de la troupe
continuait de chevaucher à l'ouest, dans le sentier de
chasse.

Il y eut un mouvement sous bois, où des éclaireurs ennemis
suivaient évidemment la marche du roi, depuis la Croix-Aubert. Après un moment d'hésitation, on put entendre le galop
de plusieurs chevaux derrière les arbres.

Le même fait se reproduisit au-dessus de Fains, sur les bords
de l'Ornain. Bouchard et six hommes s'élancèrent à fond de
train, sur la droite, piquant au nord.

On n'était plus dans la forêt, mais le long des haies, des
bruits furent encore entendus, ainsi que le pas de plusieurs
chevaux.

A une demi-heue de Fains, Drayton quitta l'escorte avec
quatre hommes. C'est à peine si l'on put remarquer un mouvement dans le bois d'Anielle que l'escorte traversait. Un seul
cheval prit course pour suivre Drayton.

Enfin à peu de distance de Bussy-la-Côte, le chevalier de
Saint-Georges, le baron Douglas, la Cavalière et quatre hommes
encore quittèrent la direction suivie depuis le départ et galo-
pèrent comme les autres vers le nord. Aucun bruit étranger ne
les accompagna. Les éclaireurs de Gadoche étaient pleinement en défaut.

Selon le plan arrêté en conseil, Raoul et les deux cadets de
Coëtlogon étaient seuls sur la route de Bar-le-Duc à Châlons-
sur-Marne qu'ils venaient d'atteindre. Comme ils passaient,
deux heures avaient sonné au clocher de Bussy-la-Côte. Les
bois d'Anielles et les dernières traces de forêt restaient loin
derrière eux. Ils traversaient un pays de prairies qui devait se

continuer jusqu'à la Font-de-Farges, où commençaient les Bois-Moreaux et le territoire de la ville de Révigny.

C'était là, sur la frontière du Barrois, qu'ils devaient trouver la ligne fictive au delà de laquelle le chevalier de Saint-Georges n'avait pas le droit de mettre le pied. C'était là aussi que devait prendre place la portion active et dangereuse du plan concerté à la Croix-Aubert.

Certes, ils n'avaient point tournure de victimes qui marchent au supplice, ces trois fiers jeunes hommes dont la lune éclairait les tailles élégantes et les souriants visages. Le départ du dernier escadron, qui les avait quittés à Boissy semblait avoir déchargé leurs poitrines d'un poids très lourd. Ils étaient gais, ils étaient libres, et laissaient aller leurs chevaux au petit galop de chasse.

Tous trois, du reste, étaient supérieurement armés et montés. Leurs fontes avaient des pistolets, aussi leurs ceintures. De bonnes épées pendaient à leurs flancs d'un côté; de l'autre brillait l'acier de trois longues dagues toutes nues. Raoul, et c'est là le plan concerté en conseil que nous avons promis d'expliquer au lecteur, jouait ici le rôle du roi : Yves représentait lady Mary Stuart, et René figurait le baron de Douglas. Non point qu'ils fussent déguisés absolument, la nuit rendait cet excès de soins inutile; mais néanmoins Raoul portait un feutre appartenant à Jacques Stuart, et Yves laissait flotter le long et léger manteau de la Cavalière.

Deux ou trois minutes après qu'ils eurent commencé leur course solitaire, deux chevaux, lancés à fond de train, passèrent derrière la haie, à gauche de la route.

— Soyez gracieuse, milady, murmura le vicomte en riant.

Et René, se dressant sur sa selle, dit tout haut en flûtant sa voix :

— Sire, entendez-vous? les coquins sont en campagne!

Le bruit du galop se perdit au lointain, et Raoul reprit gaiement.

— Ici finit la comédie. L'effet est fait. Les drôles vont annoncer là-bas Ma Majesté, Votre Grâce et Sa Seigneurie.

— Alors, riposta Yves, on peut chevaucher à son aise : ce sont nos derniers espions.

— Te fatigues-tu, demanda René, de porter le manteau de notre belle maîtresse?

— Non ! murmura Yves. Vicomte, merci encore, merci
mille fois, si vous nous donnez le bonheur de mourir pour elle !

— Il vaut mieux vivre, messieurs, s'écria Raoul, pour elle
et pour vos fiancées !

Ils répondirent tous deux :

— Nous n'avons pas de fiancées.

— Seriez-vous donc, reprit Raoul toujours riant, les rivaux
du roi, messieurs?

Sa joyeuse question fut suivie d'un silence glacé.

— Sommes-nous bientôt arrivés? demanda René au bout
d'un moment.

— J'ai hâte ! ajouta Yves.

Raoul s'arrêta court et poussa son cheval au pas jusqu'au
fossé qui bordait la route. C'était le sommet d'une côte peu
élevée, mais très longue laquelle arrivait en pente douce à cette
large plaine, verdie éternellement par les mille sources d'eau
vive qu'on nomme génériquement la Font-de-Farges. Les bois
Moreaux bornaient l'horizon.

— C'est là ! dit le vicomte.

— Allons ! s'écrièrent d'une seule voix les deux frères.

— Attendez, reprit Raoul. N'apercevez-vous point un
point sombre dans la plaine?

— Si fait, à vingt pas de la route?

— Juste ! ce sont les troupes régulières de Roboam Boër,
commandées par son général en chef l'illustre Piètre Gadoche.
Messieurs, je vous soumets une observation. Mo., j'ai une fiancée, et je voudrais lui garder son futur époux...

— Nous irons seuls, vicomte si vous voulez...

— Messieurs ! dit Raoul, qui se redressa.

Deux mains cherchèrent la sienne, demandant un double
pardon.

— Je ne donne pas ainsi ma part d'une pareille fête, reprit
Raoul, revenu à toute sa bonne humeur. Seulement je dis ceci :
Notre comédie est jouée, et peu importe que nous soyons
reconnus désormais, puisque le roi a de l'avance sur une autre
route. Au lieu de passer comme trois chevreuils qui comptent
sur leur vitesse pour éviter la balle du chasseur, je propose
d'aller droit à la meute, comme trois sangliers de bon sang.

— Comme trois lions ! dirent les deux frères. Bravo ! en
route donc !

— En route !... Voulez-vous m'embrasser, mes enfants?

Yves et René lui tendirent leurs bras, et ce fut, nous l'affirmons, une vaillante accolade.

— Qui m'aime me suive ! cria Raoul en piquant des deux. Qui l'aimait ne le suivit pas tout d'abord, car les deux frères s'embrassaient à leur tour.

— Je suis sûr de n'être jamais contre toi, René ! murmura Yves.

— Tu dis vrai, frère, répliqua René, puisque Dieu ne nous a fait qu'un cœur !

Leurs chevaux, blessés par l'éperon, bondirent, et quoiqu'un galop furieux les emportât déjà sur la pente, Yves et René se tenaient encore par la main. Ils ne parlaient plus. Raoul malgré la vitesse de leur course, restait à une vingtaine de pas en avant.

— Attendez-nous, vicomte ! crièrent-ils, au moment où la hauteur des talus leur cachait la vue de l'embuscade.

Raoul sembla d'abord ne pas les entendre, mais soudain il se ravisa, donnant du mors à son cheval.

— Mes enfants, dit-il, vous avez raison, il faut mourir ou vivre ensemble.

Il ajouta :

— N'y a-t-il rien à faire pour vous, en cas de malheur?

— Notre mère est morte, répondit Yves. Rien.

Mais René :

— Mon frère se trompe. Au cas où nous resterions ici, je serais content, lui de même, si lady Mary Stuart de Rothsay unissait son nom et le mien dans sa prière.

— Il en sera selon votre désir, prononça le jeune vicomte avec gravité. Vous plaît-il de recevoir aussi ma dernière volonté?

— Cela nous plaît, repartirent les deux frères.

Raoul se rapprocha et dit :

— Moi, j'ai ma mère. Je voudrais qu'on allât vers elle, au château de Combourg, en l'évêché de Dol, et qu'on lui rapportât que je suis mort comme il faut, en bon chrétien, avec sa pensée dans le cœur, pour le fils d'un roi qui fut secourable à mon père.

— Il en sera ainsi ! s'écrièrent les deux Coëtlogon.

— Attendez, reprit le jeune vicomte avec son brave sourire,

mon testament est plus long que le vôtre, enfants. Je vous
parlais tout à l'heure de ma fiancée : ce n'est pas une héritière
de noblesse. Je voudrais que ma mère apprît de vous qu'il
reste au monde une pauvre fille que j'aime, pure et bonne
comme les anges. Je lui aurais donné mon nom, c'était promis.
Que ma mère soit sa mère, en souvenir de moi. Elle a nom
Mariole, et demeure à l'auberge du Lion-d'Or, sur la route de
Bar-le-Duc à Verdun.

— Il sera fait comme vous voulez, monsieur notre ami, si
Dieu prête vie à l'un de nous, promit chaleureusement René.

— Je le jure ! ajouta Yves.

Leurs mains se joignirent encore en une solennelle étreinte.

La lune brillait au plus haut du ciel, dans un large espace
libre qu'entourait une ceinture de nuages. Raoul se redressa
et commanda :

— La bride aux dents ! l'épée d'une main, le pistolet de
l'autre ! En avant !

Les chevaux reprirent leur course, descendant la côte
comme un tourbillon. Deux ou trois coups de feu retentirent,
sur la droite, tirés sans doute par les sentinelles. Les balles
sifflèrent.

— En avant ! en avant !

Au bas de la côte, le talus cédait, montrant la plaine éclairée
presque aussi distinctement qu'en plein jour. L'embuscade
était massée à une trentaine de pas de la voie, sur la droite.
On voyait briller les canons inclinés des mousquets; il aurait
été presque possible de distinguer les figures.

La grosse voix de Tontaine, le lieutenant, s'éleva dans le
vaste silence qui naguère couvrait ces campagnes; l'embuscade noire s'alluma comme un brasier qui pétille, et une retentissante explosion fit tonner les échos de la plaine.

— Volte à droite ! En avant !

Les trois chevaux bondirent par-dessus le bas talus, et leur
pas s'étouffa sur l'herbe grasse de la prairie.

En vérité il n'était plus temps d'avoir de la mélancolie. Le
vent désordonné de la course, la musique des balles, l'odeur de
la poudre, en voilà plus qu'il ne faut pour remettre le cœur
à sa place et réveiller la bonne humeur endormie. Raoul et ses
deux compagnons étaient loin de leur testament : ils avaient
chaud au cerveau comme après un dîner de fête.

— En avant ! en avant !

On voyait bien que parmi les bandits il y avait bon nombre de soudards. Tontaine et Lapierre, les deux lieutenants de Piètre Gadoche, avaient certes fait preuve d'intelligence dans la disposition de leur petite troupe, qui présenta une demi-lune immobile à l'assaut de nos cavaliers, les deux ailes toutes prêtes à se replier en avant pour les envelopper.

Aucun coup de feu n'avait suivi la première décharge générale. Nos cavaliers purent entendre la voix du lieutenant commandant qui disait :

— Veillez aux chevaux ! Le roi est le premier ! Ne tuez pas la Cavalière : c'est une belle personne.

Malgré l'élan qui l'emportait. Raoul comprit que les chevaux dont parlait le bandit étaient ceux de la troupe elle-même. Son regard rapide passa par-dessus l'embuscade et découvrit au pied d'un bouquet de saules, une autre masse noire.

Au moment où la distance dévorée disparut entièrement entre nos amis et la bande, Tontaine cria :

— Feu des pistolets ! Bout portant !

Le choc avait lieu. La décharge se fit en même temps, mais trop tard. Nos cavaliers, perçant le premier rang comme un pieu entrerait en terre, étaient déjà au centre de la bande et travaillaient comme il faut.

— Feu des pistolets ! répéta Raoul en écrasant la cervelle d'un grand diable qui saisissait sa bride. Arrière, coquins ! ne touchez pas le roi !

Yves, debout sur ses étriers, fendait le crâne épais d'un ancien reître, disant :

— Respect aux dames, pleutres ! Ne voyez-vous pas qui je suis?

Et René, battant d'estoc et de taille comme un furieux, criait :

— Ayez pitié du grand âge de Douglas !

— Par la corbleu ! gronda Tontaine qu'un revers de Raoul venait de balafrer en plein visage, nous sommes joués ! ce n'est pas le roi !

— Et ce n'est pas la princesse ! hurla Lapierre, tombant sous un fendant de la fausse milady. Tue ! tue !

— Tue ! tue ! répéta Tontaine aveuglé par le sang et la colère.

Son pistolet déchargé fit sauter le crâne d'un des siens. René le saisit aux cheveux et lui plongea sa dague dans la poitrine.

— En avant ! cria Raoul, en avant toujours !

La demi-lune était percée de part en part, mais le cheval de René chancelait sous lui, et le bras d'Yves, fracassé par une balle, tombait inerte à son côté.

— En avant ! en avant !

Mettant ses éperons tout entiers dans le ventre de son cheval blessé. Raoul s'élança vers le bouquet de saules.

Tontaine, mordant la terre et se débattant convulsivement au milieu d'une demi-douzaine de cadavres, râlait : Tue, tue ! tandis que Lapierre ralliait ses hommes, car il s'attendait à une nouvelle attaque à revers.

— Nous ne gagnerons rien avec ces démons ! grondaient les bandits découragés ; nous n'aurons pas la prime, le roi nous a échappé.

Quatre coups de feu éclairèrent le bouquet de saules : c'étaient Rogue et Salva qui prenaient la fuite, après avoir déchargé leurs pistolets.

— Aux chevaux ! cria Lapierre avec un blasphème : ces coquins les ont abandonnés.

Mais il n'était plus temps. Raoul avait déjà sauté en selle sur une monture fraîche, et les deux Coëtlogon, taillant les brides à grands coup d'épée, mettaient le reste des chevaux en liberté.

— En avant ! en avant !

Lapierre était encore à moitié chemin du bouquet de saules et ses hommes rechargeaient leurs mousquets en courant, quand nos trois cavaliers, faisant volte-face, passèrent au galop devant le front disloqué de la bande, en lâchant la volée de leurs pistolets de fontes.

Puis, tournant rond et se mettant à la queue des chevaux qu'ils chassèrent devant eux comme un troupeau, ils agitèrent leurs feutres en manière d'adieu.

— Au revoir, messieurs les coquins ! dit Raoul. Le roi est loin. Il nous avait envoyés à vous. Nous allons lui porter de vos bonnes nouvelles.

XIII

DES CURIOSITÉS DE PARIS ET NOTAMMENT DE L'ÉPOUSE ROBOAM BOER COMTESSE MAELZELARMSTRUTTER

Huit jours se sont écoulés et nous sommes à Paris, la grande ville, qui, en vérité, a bien autre chose en tête que le petit roi d'Angleterre et son aventureux voyage. Paris a toujours quelque bonne chose chez lui, qui fait mode et qui le rend un peu fou : il ne serait pas, sans cela (comme il en est si puissamment convaincu), la ville la plus spirituelle du monde.

En 1718, Paris avait la rue Quincampoix, M. Law et la banque du Mississipi; Paris avait la conspiration de Cellamare, la cour de Sceaux, le duel engagé entre le régent Philippe d'Orléans et les princes légitimés par Louis XIV : Paris avait les fêtes du Palais-Royal, et Mme de Berry, qui descendait du Luxembourg, entourée d'une garde royale; Paris avait l'abbé Dubois; Paris avait M. de Voltaire qui sortait justement de de la Bastille; Paris avait M. d'Argenson, son lieutenant de police et son voleur en chef Louis-Dominique Cartouche.

Paris ne manquait donc de rien, — sans compter une belle étrangère, qui portait un nom fatal et charmant, lady Mary Stuart de Rothsay, et dont le brillant sourire faisait, disait-on, beaucoup d'impression sur le cœur de cire du régent. Paris ne savait trop pourquoi elle était là, cette délicieuse Écossaise; elle y était, cela lui suffisait. La cour et la ville faisaient foule pour voir ses cheveux d'or et ses yeux bleus, à l'opéra de la cour des Fontaines.

Paris avait tout cela, dès la vilaine aurore de ce XVIIIe siècle qui devait s'enlaidir encore en vieillissant, pour tomber du haut-mal à ses dernières heures et se coucher pour finir, épuisé de malpropres convulsions, dans un tas de boue noire et rouge, faite d'ordure et de sang.

C'était un matin, vers la fin de ce mois de janvier qui vit le début de notre histoire. Il faisait froid ici comme dans les coupes de Behonne, aux environs de Bar-le-Duc, et les premières joies du carnaval s'emmitouflaient dans d'épais manteaux ou dans de chaudes pelleteries.

Dans un hôtel coquet de la rue des Bons-Enfants, qui avait pleine vue sur les bosquets du Palais-Royal, trois jeunes femmes remuaient à pleines mains les bouquets et les rubans, dans une chambre meublée à neuf et tout entourée de souriantes peintures. Les trois jeunes femmes étaient une maîtresse couturière et ses deux aides, qui s'évertuaient d'un commun accord autour d'une quatrième personne, appartenant évidemment au même sexe, mais d'une espèce très supérieure, à en juger par le respect que lui témoignaient ses compagnes.

Nous ne saurions fixer au juste l'âge de cette quatrième personne, dont la rotondité magistrale ne pouvait plus s'appeler une taille, et qui portait sur son visage épais une couche uniforme du vermillon le plus éclatant. Ce que nous pouvons dire, c'est qu'elle avait une bouche très souriante, un nez quelque peu épaté, puisque ses ailes dépassaient les coins des lèvres, et une paire d'yeux fort petits, trop ronds, mais rieurs, hardis, et, selon le terme technique du temps, positivement « assassins ».

On lui essayait, et avec quel travail ! une robe de lampas rose, lamée de brillantes mordorures. Malgré l'heure matinale, elle avait déjà ses cheveux, légèrement crépus et tirant sur le roux. entrelacés de plumes et de fleurs, des bagues à tous les doigts, et une rivière de diamants, ruisselant sur son opulent corsage.

— Ce que j'aime, mesdemoiselles, dit-elle avec une voix flûtée qu'elle avait dans ce coffre colossal, et un accent germain atteignant à l'extravagance, c'est la simplicité. Mettez ce ruban violet à mon épaule droite, je vous prie, et ce ruban bleu de ciel à mon épaule gauche : C'est simple, savez-vous !

— Je crois bien, s'écrièrent à la fois les trois couturières.

— Et j'ai lieu de penser qu'on me remarquera ce soir, ajouta la puissante personne en jetant à sa psyché un regard en coulisse.

La couturière répondit avec une leste révérence :

— Madame, cela prouvera en faveur du goût de ceux qui auront le plaisir de vous voir.

— Appelez-moi sans façon madame la comtesse, dit la grosse personne en plongeant sa main trop potelée au fond du carton qui contenait les rubans. Mon mariage avec mein herr Roboam est une mésalliance, comprenez-vous?

— Parfaitement, madame la comtesse.

— Et ce sont les malhonnêtes et les jaloux... comme mon mari, savez-vous? qui m'appellent l'épouse Boër, à la façon des marchands de toile indienne, sur le port, à Rotterdam... Posez ce ruban lilas à mon chignon. C'est simple, vous pensez?

On se hâta d'obéir. Pendant qu'on attachait le ruban lilas, l'épouse Roboam, qui ne perdait point son temps, en choisit trois autres, très simples tous les trois, l'un rouge, l'autre jaune, le troisième vert de mer, qu'elle fit placer tout autour de sa vaste ceinture, en coques larges et richement étoffées.

— J'aime la simplicité, dit-elle avec son accent allemand qui doublait le prix de son extraordinaire bonne foi.

— Cela se voit ! risqua une des fillettes avec un sérieux moqueur.

— Il en faut le long de la jupe, poursuivit l'épouse : j'entends des rubans, savez-vous? mais simples, rien que des simples ! M. de Noailles m'a dit que la simplicité est la pierre de touche des femmes de qualité; vous comprenez, il m'a remarquée.

— Comme de juste, répliqua la maîtresse, attachant à force des rubans de toutes les couleurs.

— Savez-vous, reprit l'épouse en regardant le carton vide, vous n'aviez pas apporté beaucoup de rubans !

— Il y a les fleurs, madame la comtesse.

L'épouse Roboam poussa un cri rauque qui exprimait sa joie en hollandais.

— Une rose ici ! dit-elle avec empressement, comprenez-vous?

Elle désignait d'un doigt orgueilleux et gras les magnificences de son buste.

— Une pervenche là ! M. de Clermont aime les tulipes. Je veux une tulipe.

Il n'y avait pas de tulipe dans le carton.

— Savez-vous, dit l'épouse avec sévérité, ne vous représentez jamais chez moi sans tulipes. C'est simple...

— Excepté les doubles, dit une des grisettes entre haut et bas.

— Et M. de Clermont m'a remarquée, acheva l'épouse. Vous concevez.

La porte s'ouvrit et un valet demanda :

— Madame la comtesse reçoit-elle à sa toilette?

— Pas de bourgeois ! s'écria l'épouse. Des gentilshommes, à la bonne heure, vous pensez !

Le valet annonça :

— M. le vicomte de Châteaubriand-Bretagne !

— Il m'a remarquée ! murmura l'épouse à l'oreille de la couturière en chef. Encore ce jasmin ! Vite ! Et ces reines-marguerites... et cette tubéreuse... Il en reste, savez-vous?... Voyons ! mettez-vous à distance, et regardez l'ensemble.

Les trois modistes l'entourèrent aussitôt et poussèrent trois cris d'admiration simultanés.

— C'est admirable !

— C'est merveilleux !

— C'est d'un goût !...

— Et simple? vous comprenez, dit l'épouse avec bonté. Je vous accorde ma pratique. Seulement apportez plus de rubans, vous savez.

— Et des tulipes, ajouta la maîtresse en faisant sa révérence.

— Je vous demande pardon, vicomte, dit l'épouse en tendant sa main à Raoul, qui la baisa galamment. Je vous reçois en négligé, vous pensez. Je suis à Paris en camp volant. Prenez donc un siège, concevez-vous?

Elle le conduisit jusqu'à un fauteuil d'un pas léger qui faisait trembler et gémir le parquet.

— D'ailleurs, ajouta-t-elle pour compléter ses excuses, il n'y avait plus de rubans dans le carton.

— Ce que vous avez suffit, belle dame, dit Raoul. Je venais...

— Oh ! répliqua-t-elle en dépliant un magnifique éventail, par-dessus lequel ses petits yeux chatoyaient, j'aime la poésie légère, simple, avec une pointe agréable de sentiment, vous comprenez...

—- Je venais... répéta Raoul.

Elle s'assit et s'éventa violemment.

— Je conçois, vous m'avez remarquée... donnez votre madrigal.

Tout cela, positivement, avant qu'on lui eût demandé de ses nouvelles : et ces braves dames de Hollande sont pourtant accusées de lenteur !

Raoul ne semblait pas plus scandalisé qu'il ne faut de cette conduite bouffonne. Il connaissait l'épouse Roboam et son genre de folie. Il avait son but en entrant chez elle; il tint ferme.

— Je venais vous demander un service d'ami, acheva-t-il respectueusement.

— Ah ! vicomte, soupira-t-elle, je suis liée pour la vie à mein herr Roboam !... Et, savez-vous? ajouta-elle avec impétuosité, il ne comprend pas la poésie !

Elle tira de sa poche un mouchoir splendidement brodé et le déploya en détail avant d'en frotter ses yeux, qui étaient secs.

— Il s'agit d'un brevet... commença Raoul.

— Mon âme ne vit que de poésie ! dit-elle, montrant à la fois son éventail, son mouchoir, et une opulente cassolette qu'elle porta nonchalamment à ses vastes narines.

— Vous avez tant de crédit ! poursuivit Raoul. Le comte Stair est à vous, et même...

Elle l'arrêta d'un geste.

— Vous savez, s'écria-t-elle, j'ai refusé d'assister aux soupers du Palais Royal.

— Comtesse, approuva sans rire le jeune vicomte, vous avez bien fait !

Elle s'éventa vigoureusement. Raoul reprit :

— Comtesse, hier, au lever du Luxembourg, vous m'avez permis de vous demander une grâce...

— Concevez ! s'écria l'épouse en levant les yeux au ciel, mon âme est pure. Quelle grâce?

— Je veux vous faire participer à une bonne action, comtesse !

Elle changea de visage et dit avec une extrême froideur :

— Vous comprenez, je suis très charitable, mais c'est impossible.

— Je voudrais avoir, poursuivit le vicomte, pour une femme très digne et très malheureuse, le bureau de poste de Nonancourt.

L'épouse se leva du coup, indignée.

— Une femme ! gronda-t-elle. Vous perdez le respect, monsieur le vicomte !

— Par pitié ! insista Raoul. Un mot de vous suffirait...

— Je ne fais jamais rien pour les femmes ! déclara l'épouse en se redressant définitivement et avec dignité. Comprenez ! à ce lever du Luxembourg, un jeune poète m'a glissé son madrigal, mais la poésie n'en était pas assez éthérée. Personne ne peut lire au fond de mon cœur !

L'épouse sonna sur ce dernier mot, avec la vigueur qu'elle mettait à toutes choses. Deux chambrières parurent.

— Restez là ! protégez-moi ! leur dit-elle. Pensez ! Concevez ! Vous répondez de moi !

Raoul salua et s'enfuit.

— Jeune effronté ! soupira l'épouse en retombant dans sa bergère, il a voulu me remettre un madrigal !

Encore une fois l'accent allemand prêtait à ces extravagances une saveur impossible : l'accent allemand, panaché de hollandais.

Elle avait dit vrai : elle était comtesse, comtesse de Maelzelarmstrütter. Mein herr Roboam Boer, armateur de Rotterdam plus opulent que respecté, l'avait épousée autrefois. Elle s'était mésalliée à cause de l'argent, en dépit de la poésie, de l'éther et de ses rêves.

Mein herr Roboam était un Hollandais jaune et triste. Il gagnait beaucoup d'argent par n'importe quels moyens, et son argent lui achetait de hautes relations.

Après le départ de Raoul, l'épouse déjeuna copieusement et renvoya ses femmes. Au pied du sofa qui gémissait sous le poids de sa sieste, elle vit un papier sur le tapis, et fut prise aussitôt de l'espoir que cet effronté vicomte, fuyant, mais en Parthe, lui avait décoché son madrigal.

Le papier, qu'elle déplia avec de fiévreuses impatiences, était un placet qui demandait tout uniment le bureau de poste de Nonancourt, vacant par le décès du titulaire, pour la demoiselle Hélène Olivat.

— Comprenez ! s'écria-t-elle, écarlate de colère. Je vais la faire jeter au for l'Évêque !

Cette idée la consola un peu. Elle prit une boîte de mouches sur sa toilette et ouvrit sa fenêtre pour rafraîchir le feu de ses

9

joues. Il faisait un beau soleil d'hiver. Des groupes de courti-
sans allaient et venaient déjà dans le jardin du Palais-Royal.
L'épouse s'installa sur son balcon et choisit une pose sentimentale pour faire ressortir à l'aide de quelques mouches
habilement placées, l'éclat déjà trop éblouissant de son
teint.

Ce fut comme pour les rubans et pour les fleurs. L'épouse
n'y allait jamais de main morte. En un clin d'œil, la vaste
rotondité de ses joues fut criblée de taches noires, et pourtant
aucun madrigal ne monta du jardin.

Elle songeait (avec l'accent) :

— Les Parisiennes, ces maigres sauterelles, m'ont jeté un
sort ! Voilà ce blond là-bas : c'est M. de Chastellux. Et ce brun,
c'est M. de La Faille... Et le marquis de Romorantin qui est
l'homme de confiance de mein herr Roboam. Mais cette cour
est un enfer ! C'est dans les rangs les plus humble qu'on
trouve la sincère et vertueuse poesie. J'irai au sein des campagnes... Ah ! savez-vous !

Elle poussa cette dernière exclamation parce que son regard
s'arrêtait sur un gros garçon, campé solidement sur de fortes
jambes, de l'autre côté de la rue. Ce gros garçon, coiffé du
toquet lorrain d'où s'échappait une forêt de cheveux fauves,
vêtu d'une veste neuve en futaine, et armé d'un parapluie de
coton bleu qui était un véritable monument, contemplait
l'épouse d'en bas, les yeux tout ronds d'admiration.

L'épouse sourit. Elle fit miroiter sa boîte d'or aux rayons
du soleil, elle se moucha dans mille écus de broderies, elle
remonta sa rivière de diamants et déplia son éventail malgré
la bise.

Nicaise, car c'était Nicaise, le propre fatout de la grande
Hélène, qui se promenait ainsi si loin du Lion-d'Or, Nicaise
ouvrit une large bouche, meublée de trente-deux dents éclatantes, et dit avec conviction :

— Elle est cocasse tout de même, la bourgeoise !

L'épouse se rengorgea, ce qui fit onduler tout le jardin de
sa coiffure.

— Et bien avenante aussi ! ajouta Nicaise. Elle s'est fagotée
comme ça à cause du carnaval, censé : c'est une déguisée !

Ayant ainsi pensé, il fit un pas vers le balcon, ôta son toquet
d'une main et appuya l'autre sur la pomme de son parapluie :

— Ohé ! la bourgeoise ! cria-t-il d'une voix retentissante. C'est-il chez vous que reste M Ledoux de chez nous?

— Je ne suis pas une bourgeoise. mon ami, répondit l'épouse, d'un ton de condescendante affabilité; bien au contraire. Mais on ne parle pas ainsi dans la rue, comprenez-vous !

— Alors, pardon, excuse... commença Nicaise.

— Du tout, point ! J'honore les villageois : ils ont le cœur pur. Frappez à la porte de mon hôtel et demandez en bas Mme la comtesse. Nous allons causer de ce M. Ledoux.

Elle rentra. Nicaise fit une cabriole sur le pavé et jeta en l'air son parapluie qu'il rattrapa fort adroitement, disant :

— C'est fini pour la poule mouillée que j'étais, bêta et tout ! Je m'ai formé ! Les voyages, ça vous fait un garçon ! Du premier coup, v'là que j'ai mon affaire que la demoiselle m'a dit de lui trouver !

XIII

D'UNE ENTREVUE SENTIMENTALE QUI EUT LIEU ENTRE L'ÉPOUSE
ROBOAM ET NICAISE LE FATOUT DU LION-D'OR

Quand Nicaise fut introduit dans le boudoir par un grand
diable de laquais qui riait dans sa barbe, l'épouse Roboam
était assise sur un sofa, et achevait de mettre encore un peu
de rouge, qui tranchait en pâleur sur le vermillon luisant de
ses joues.

— Champagne, dit l'épouse au valet, servez à rafraîchir.
Ce jeune garçon vient de loin, vous pensez.

Champagne sortit. Quoique formé par les voyages, notre
Nicaise resta sérieusement embarrassé.

— Approchez, mon ami, lui dit l'épouse avec bonté.

— Écoutez donc, répondit Nicaise, vous n'avez point menti,
sauf le respect; je viens de loin, la bourgeoise.

— Je suis comtesse, mon ami.

— Ah! dame, ça m'est égal, par exemple! déclara le bon
fatout du plus sincère de son cœur.

— Quelle naïveté charmante! s'écria l'épouse. Asseyez-
vous et laissez là ce qui vous embarrasse, savez-vous...

Mais Nicaise serra son parapluie à deux mains et répliqua :

— Que non point! Il est tout neuf! Ça ne me quitte jamais!

Le valet rentra avec un plateau qu'il déposa sur le guéridon.
Nicaise dit :

— C'est tout de même reluisant chez vous, la comtesse!

L'épouse, enchantée, lui versa un grand verre de vin
d'Espagne et s'écria :

— On dirait une comédie de M. Dancourt. Vous êtes ravis-
sant, mon ami, vous comprenez?

— A votre santé, répliqua Nicaise, et bien honnête! J'avais
justement soif tout à fait.

Il fit claquer sa langue après avoir bu.

— Point piqué! ajouta-t-il. Du mignon poiré, oui! Alors c'est ici chez M. Ledoux?

— Je connais plus d'un Ledoux, dit l'épouse, qui trempait un biscuit dans son verre.

— M. Ledoux de chez nous, précisa Nicaise. Reversez, si vous voulez, la comtesse.

— Vous le trouvez bon!

— Assez.

— Et vous trouvez le logis agréable?

— Quand à ça, oui.

— Et la maîtresse du logis, savez-vous!

— Dame!... dit Nicaise. Reversez, allez!... Je vous trouve comme vous êtes, c'est sûr et certain, la comtesse.

Il but pour la troisième fois et se campa sur sa chaise crânement avec son parapluie en travers de ses genoux.

— V'là la chose, dit-il en regardant l'épouse en face : M. Ledoux m'a enseigné la rue et le numéro, et j'ai venu tout droit. Je vas vous dire. On croyait que M. Ledoux était un sans cœur, à cause qu'il n'avait pas voulu s'épouser avec la demoiselle après l'événement, quoique tout était prêt puisqu'on avait dansé les épousailles, mais il a bien prouvé qu'il avait du bon ayant promis à la demoiselle qu'il lui ferait avoir ce qu'elle a besoin...

L'épouse écoutait toute distraite. Nicaise reprit en pressant son débit, car le vin d'Espagne lui déliait la langue :

— Comment savait-il que la demoiselle était à Paris? Moi je m'en moque! Après l'événement, on lui demanda son loyer, à la demoiselle, s'entend, qu'était en retard de six mois, car le bonhomme n'aimait point payer. Pas le sou dans la maison! Alors les meubles vendus, et tout! Et les quatre petits à la dure avec la tante Catherine...

— Ah ça! mon garçon... voulut interrompre l'épouse.

— Faut bien qu'on vous dise. La Poupette pleurait toutes les larmes de ses yeux; la demoiselle était un quarteron toquée.

— Comment, un quarteron toquée?

Le fatout se donna un petit coup de doigt au milieu du front.

— Un grain dans le cerveau, si ça vous plaît mieux, une paille, quoi, expliqua-t-il en buvant son quatrième verre avec un évident plaisir. Et elle était drôle, sa fêlure! C'était de tou-

cher tous les hommes au gras du bras, en dessous de l'épaule.
Fallait bien que ce fût la folie, pas vrai, puisqu'il n'y a
jamais eu si sage que la demoiselle, depuis que le monde est
monde !

L'épouse bâilla.

— Garçon, dit-elle, votre demoiselle m'ennuie. Parlons de
ce que vous voulez.

— C'est même chose : j'appartiens à la demoiselle... Alors
elle voulut venir à Paris avec tout son monde, rapport à l'idée
qu'elle avait de trouver l'assassin...

— L'assassin ! s'écria l'épouse. Quel assassin?

— Celui du bonhomme. Et voyez un peu ce que c'est que
ce Paris qu'est si grand ! Comme la demoiselle n'avait ni sou
ni maille pour nourrir la Poupette, les quatre petiots et la
tante Catherine, j'ai voulu travailler de mes bras, pas vrai?
Or je sais tout faire, la menuiserie, les chaussures, la cuisine
et le reste. Pas moyen de trouver l'ouvrage, aussi vrai comme
vous embaumez la bonne odeur, la comtesse !

L'épouse réconciliée lui prit la main. Il se recula.

— Pas de bêtises ! ordonna-t-il, car il était à son sixième
verre et il avait de l'aplomb. Comme quoi, on serait mort de
faim tout le monde sans une histoire. Ça vaut la peine d'être
raconté : Deux jolis jeunes gens, un monsieur et une dame,
mais jolis, jolis ! Ils passaient en carrosse. On venait de nous
chasser de l'auberge où nous étions, rue Saint-Honoré, et la
demoiselle pleurait. Le carrosse s'arrêta, oui dà ! Il y a encore
de bon monde. Ils descendirent tous deux, les tourtereaux :
Et « qu'avez-vous, pauvre femme? » Et « que vous faut-il? »
Et « qui est cette jolie enfant? » Je parle de la Poupette, s'entend...

— Grâce ! cria l'épouse en se bouchant les oreilles. Tu me
fais perdre la tête, mon garçon. Qu'est-ce que c'est que tout
cela?

— Ah ! dame, riposta Nicaise, nous ne les avons point gar-
dés ensemble, écoutez donc ! les bêtes que vous savez bien.
Je n'aime pas qu'on me tutoie... J'ai bientôt fini. Versez, ça
vous amusera... Fallut tout raconter, tout en grand. Et quand
le monsieur et la dame surent que nous venions de Bar-le-Duc,
et qu'ont avait été victimé par les coquins du chevalier de
Saint-Georges...

— Hein?... fit l'épouse, redevenant tout à coup attentive. Le chevalier de Saint-Georges !

— Leur bourse y passa, poursuivit Nicaise, et ils promirent de faire avoir à la demoiselle une bonne place... la poste de Nonancourt.

— Nonancourt ! répéta l'épouse, qui interrogea sa mémoire. Puis elle pensa :

— C'est ce que voulait ce jeune impertinent, le vicomte Raoul, comprenez !

— Seulement, continua Nicaise, ils ne voulurent pas dire leurs noms, et on ne les a plus revus. N'empêche qu'on vivotte avec leur bourse depuis le temps, les chérubins ! et que tout en vient : ma casaque neuve, ma toque et le parapluie... Voilà donc qu'hier M. Ledoux arrive et dit à la demoiselle : Ne faut pas tant m'en vouloir, je vas vous procurer le bureau de poste de Nonancourt...

— Encore ! s'écria l'épouse stupéfaite. Pensez ! Toujours cette poste-là !

— Il n'y a qu'une chose qui m'étonne, acheva Nicaise, c'est de ne pas trouver ici M. Ledoux, car il m'avait bien donné son adresse dans cette maison.

L'épouse réfléchissait :

— Comment s'appelle votre demoiselle, mon garçon? demanda-t-elle.

— C'est la fille au défunt père Olivat, pardié ! répondit Nicaise.

L'épouse prit le placet de Raoul, qui était encore sur le sofa, et le parcourut des yeux :

— Hélène Olivat ! lut-elle.

Elle eut l'imprudence d'ajouter :

— Est-ce qu'elle est aussi belle que moi, votre demoiselle, savez-vous?

Nicaise but un maître verre de vin et haussa les épaules, disant :

— Si je sais, la comtesse ! Je sais qu'il n'y a point sa pareille à Paris !

L'épouse prit une pose de colombe et murmura :

— Le sentiment... la vertu... l'union des âmes. Savez-vous écrire, jeune villageoise?

— Qu'est-ce que ça vous fait? demanda Nicaise.

— Enfant! reprit-elle; concevez, depuis ma plus tendre adolescence je cherche la candeur et la sensibilité...

— Je ne les ai point trouvées, ces choses-là, riposta le fatout.

Il se leva; la vaste Hollandaise le retint pas son parapluie. Ce fut son manteau que Joseph perdit. L'épouse éthérée de Roboam Boër n'eut que le parapluie en coton bleu du fatout.

La porte s'ouvrit tout à coup, et mein herr Roboam entra accompagné d'un joli seigneur, enrubané sur toutes les coutures, mais dans un tout autre goût que l'épouse.

Mein herr Boër était un Hollandais très laid à cheveux plats, à longues oreilles désourlées, et dont la jaune maigreur faisait un constraste complet avec l'embonpoint extraordinaire de sa moitié. Sa physionomie ne prévénait pas en sa faveur.

— Épouse Boër, dit-il, je vous présente mes compliments.

— Un beau parapluie! murmura le compagnon du mari, qui s'inclina très bas.

— Malheureux! déclama l'épouse, qui lança un regard terrible au fatout, vous m'avez compromise aux yeux de mon mari et de M. le marquis de Romorantin, concevez!

— Ça le marquis de Romorantin! s'écria Nicaise. C'est M. Ledoux... Bonjour, monsieur Ledoux.

— Bonjour, mon ami Nicaise, répondit le marquis en souriant.

— Vous voyez bien que c'est M. Ledoux! dit Nicaise triomphant. Rendez mon parapluie! ah! mais!

D'un geste noble, l'épouse le lui tendit, puis, se tournant vers son mari, elle dit :

— Mein herr Boër, ce villageois sollicitait mon appui pour obtenir la poste de Nonancourt en faveur d'une malheureuse fille, la nommée Hélène Olivat.

— Refusez, dit tout bas le marquis à Roboam : refusez tout net.

— Épouse, répliqua mein herr Boër, nous verrons, nous réfléchirons. Maintenant, que M. le marquis vous a présenté ses devoirs, comme il le désirait, nous prenons congé de vous, afin de parler affaires.

— Madame la comtesse, dit le marquis en lui baisant la main, à tout uniment la plus délicieuse toilette que j'aie admirée en ma vie...

— Et simple! dit l'épouse, qui fit un tour complet pour se laisser voir de tous les côtés.

— Et simple ! répéta le marquis.

Il se tourna vers le fatout et ajouta :

— Allons, mon garçon, ta commission est faite; va-t-en !

— Je ne demande qu'à m'en aller, répondit Nicaise. A vous revoir, monsieur Ledoux ! Bonsoir, la compagnie !

Il prit la porte. Mein herr Boër et le marquis s'éloignèrent au même instant. En descendant les escaliers, Nicaise se disait :

— Tout de même, j'ai r'eu mon parapluie; mais la demoiselle n'a pas son brevet.

Mein herr Boër et M. le marquis de Romorantin, qui semblait être son conseiller privé, avaient gagné le cabinet d'affaires, situé à l'autre extrémité de l'hôtel. Mein herr différait de sa femme, non seulement par la couleur et le poids, mais encore parce que son accent hollandais était sans mélange d'allemand. C'était un homme d'une cinquantaine d'années, triste, froid, et dont l'apparence monotone faisait ressortir encore les allures sémillantes de son factotum, M. le marquis de Romorantin.

— Maître Gadoche, mon brave, dit-il en s'asseyant à son bureau, j'aime bien à savoir le fond des choses. Pourquoi m'avez-vous dit de refuser ce brevet?

— Nous allons causer de cela, répliqua le brillant marquis, plongé dans une bergère et les pieds au feu. Auparavant, il convient de traiter des questions beaucoup plus graves.

— Alors, Gadoche, mon garçon, s'il s'agit de choses graves, arrivons tout de suite à Mylord ambassadeur. Le comte Stair est mécontent, et se plaint des lenteurs que subit l'affaire.

— Mylord se plaint avec une apparence de raison, mein herr. L'affaire est arrêtée, c'est vrai, depuis que le chevalier de Saint-Georges a mis le pied à Paris. Il ne fallait pas le laisser gagner Paris, où tout se perd et se cache !

— A qui la faute, s'il vous plaît?

— A vous. L'argent ne doit jamais manquer dans les entreprises de cette sorte. Si j'avais eu de l'argent, je n'aurais pas tenté une misérable aventure de casse-cou là-bas, à Bar-le-Duc; je n'aurais pas été cloué sur mon lit par cette diabolique blessure. J'aurais mené moi-même l'expédition de la Font-de-Farges, et vous auriez en poche vos cent mille livres sterling !

Mein herr Boër ne discuta point.

— Dorénavant, maître Gadoche, dit-il, vous ne manquerez plus d'argent. Où en sommes-nous de nos recherches?

— Au même point. Néant! le chevalier de Saint-Georges semble s'être englouti sous cent pieds de terre.

— Cela peut durer longtemps, maître Gadoche?

— Mein herr, cela peut durer toujours.

— N'avez-vous pas d'autres nouvelles?

— Si fait .. une nouvelle très curieuse.

— Bonne?

— Non, mauvaise.

— Voyons votre mauvaise nouvelle.

— Avez-vous ouï mention d'une nouvelle étoile, apparaissant au firmament de la cour?

— Certes, lady Mary Stuart de Rothsay. C'est le bruit de la ville.

— Un nom qui sonne haut, n'est-ce pas? lady Stuart de Rothsay!

— Que nous importe?

— Et qui sonne mal, mal pour nos projets. Vous n'avez point pensé à ce que pouvait être cette lady Mary Stuart de Rothsay, à laquelle Philippe d'Orléans me paraît prêter beaucoup d'attention?

— Non... Et vous, maître Gadoche?

— Si fait, moi, mein herr, je pense qu'il y a beaucoup d'argent à gagner pour moi dans cette aventure.

— Notre prix est réglé.

— Il y a les étrennes... et je ne suis pas convenu avec vous de ne pas aller quelque jour droit à mylord ambassadeur, lui proposer mes services particuliers.

Le Hollandais toussa.

— Aujourd'hui même, dit-il, on va solder votre arriéré et vous compter une prime de deux cents louis. Est-ce assez?

— Pour le moment.

— Si c'est assez, veuillez me dire ce que vous savez sur lady Mary Stuart de Rothsay.

— Il suffira d'un mot, mein herr. Dans l'affaire de Bar-le-Duc, lady Stuart a fait plus contre nous que tous les serviteurs du prince et le prince lui-même!

— Serait-ce la Cavalière? demanda Boër, qui se leva à demi, tant il eut de surprise, la Cavalière, dont on a tant parlé?

Gadoche répliqua froidement :

— Vous l'avez dit, c'est la Cavalière, et la Cavalière a ses entrées chez M. le régent !

XIV

OU IL EST PARLÉ D'UNE COMÉDIE ET COMME QUOI AVANT LA LOI
DU DIVORCE UN COQUIN POUVAIT DÉJA SE MARIER DOUZE
FOIS

A cette déclaration qui lui montrait une ennemie dans cette
femme que le régent de France semblait distinguer, le Hollandais ne cacha point son dépit. Sa joue en devint plus jaune, ses
paupières molles et longues s'abaissèrent sur ses yeux.

— Mauvaise histoire ! grommela-t-il.

M. le marquis de Romorantin-Gadoche, tout pâle encore de
la sévère blessure qu'il avait reçue à l'auberge du Lion d'Or,
mais plus joli garçon que jamais, le regardait avec son imper-
turbable sourire.

— Et pensez-vous, demanda Boër, que cette diablesse de
femme ait beaucoup d'influence?

Le marquis se frotta les mains.

— Mein herr, dit-il, vous avez tout l'esprit de France et
de Navarre dans votre cerveau des Pays-Bas !

Quelque chose qui ressemblait à un sourire errait autour
de la laide bouche du Hollandais.

— Y a-t-il longtemps que tu ne t'es marié, ami Gadoche?
demanda-t-il tout à coup d'un air matois.

— Je ne vois pas l'à propos de cette question, mein herr.

— Si, moi... le régent est un peu comme toi, mon coquin !

— Ah ! bravo ! Je vous dis que vous en êtes pêtri !

— D'esprit? expliqua lui-même mein herr Boër. C'est mon
opinion. J'ajoute que le régent en a beaucoup; c'est un drôle
de corps. Il sépare nettement la politique de la folie. Vous
vouliez m'effrayer, ami Gadoche.

— Je voulais deux mille louis, mein herr, pour une petite
invention qui m'appartient.

— Peste ! deux mille louis d'un coup !

— Plus les frais de mise en scène, car il s'agit d'une comédie. Vous savez que j'ai été comédien?

— Oui, comédien sifflé. Combien les frais de mise en scène?...

— Carte blanche à ce sujet, s'il vous plaît ! Avez-vous confiance en moi, oui ou non?

La figure du Hollandais était à peindre. Piètre Gadoche atteignit une très belle montre qu'il avait et la consulta.

— Déjà onze heures ! se dit-il à lui-même. J'ai rendez-vous à midi en l'église Saint-Eustache. Il faut nous entendre vite et bien, mein herr, car je n'ai pas de longs discours à dépenser. Je dois vous avouer, entre parenthèses, que je songe sérieusement à quitter mon commerce pour vivre en gentilhomme. Il faut que jeunesse ait une fin. Avant qu'il soit un mois, je pense me marier définitivement : un parti splendide, et j'ai l'honneur de vous inviter à mes noces. Mylord ambassadeur signera aussi au contrat, et si la chose se fait à Londres, le roi Georges lui-même. Je ne vous en dis pas davantage : ma comédie vaut bien cela ! c'est un chef-d'œuvre. Pour le moment, voici notre situation : Sa Seigneurerie le comte Stair vous a mis dans la main cent bonnes milles livres sterling, il y a un mois et pour ces deux millions cinq cent mille francs, il n'y a encore rien de fait. Je dis : rien !

— Patience ! patience ! voulut répliquer Boër.

— Mylord ambassadeur commence à en manquer. A votre actif, vous avez, il est vrai, la bonne volonté du régent, mais ce n'est pas vous qui l'avez gagnée, et la complaisance de Dubois, mais elle est du fait de Satan. Vous n'avez rien fait, rien ! A votre passif, vous avez la faveur naissante de la Cavalière, et un article que vous ne connaissez pas, que vous ne soupçonnez pas; c'est la générosité de l'esprit public en France..

— Bah ! bah ! bah ! bah ! fit par quatre fois mein herr Boër. La générosité !...

— Il n'y a point de bah ! A l'heure qu'il est, Paris et la France se moquent de Jacques Stuart comme du grand Mogol; mais il y a du roman, du roman intéressant dans ce jeune homme, qui s'en va tout seul reconquérir sa couronne. En France, nous aimons le roman. Le nom du chevalier de Saint-Georges fait très bien et sent sa table ronde. S'il reste deux semaines à Paris, on parlera de lui, le régent, qui n'est pas

très Français, mais qui sait son français sur le bout du doigt,
n'osera plus, c'est moi qui vous le dis !

— Le régent n'a rien à oser ! s'écria Roboam.

— Mettons Dubois à la place du régent. Le régent est un
prince, après tout, et ne peut être le complice de Roboam
Boër !

— Maître Gadoche ! menaça le Hollandais. Vous perdez
le respect !

— Je continue. Le hasard qui, sous la forme d'une balle,
aurait fracassé le crâne de Stuart, là-bas, à la Font-de-Farges,
n'aurait produit juste que le bruit d'un coup de mousquet.
Aujourd'hui ce hasard aurait déjà l'éclat du canon, demain
ce sera l'explosion d'une mine.

— Ta, ta, ta, ta ! gronda lentement Roobam, qui avait
déjà l'air pensif.

— Vous réfléchissez, mein herr, et vous faites bien. Songez
que la Cavalière va faire fureur ; elle est adorablement belle ;
elle a nom d'une femme qui était poëte, qui était reine, et que
la France, ce chevalier errant aux vingt millions de têtes,
idolâtre sur son échafaud ! Le régent qui n'est pas votre
complice, aurait pu, à toute force, ne point entendre le bruit
lointain et sourd de l'assassinat...

— La paix, morbleu ! cria Boër, qui donna du poing contre
la table.

— De l'accident, si vous voulez ; mais le régent ne pourra
manquer d'entendre le coup de canon ou l'explosion de la
mine. Il est Anglais, soit, mais c'est sous sa veste. Pour gou-
verner la France, il fera montre d'un cœur français par-dessus
son pourpoint, dût-il l'acheter au marché ! Prenez garde !

Roboam Boër tourmenta ses cheveux plats d'une main
convulsive.

— Ma conclusion est ceci, continua Piètre Gadoche : quand
même vous pourriez mettre la main sur le chevalier de Saint-
Georges à Paris, et vous ne le pouvez pas, puisque les gens de
de M. d'Argenson y ont perdu leur latin tout aussi bien que
mes hommes à moi, vous resteriez impuissant contre lui. Il
est gardé par l'opinion qui commence à murmurer, par la mode
qui naît, par l'engouement qui va poindre. Les gens de M. d'Argenson eux-mêmes l'auraient reconduit poliment sur le chemin de Bar-le-Duc, et voilà tout. Ce n'est pas pour cela que

le roi George paye un million sterling à lord Stair. Il faut, mein herr Roboam, que nous nous entendions ensemble aujourd'hui ou que j'aille m'entendre demain avec mylord ambassadeur. J'ai dit.

Boër garda un instant le silence; la colère luttait en lui contre l'inquiétude. Il murmura enfin avec un gros soupir :

— Il me semble que vous m'avez demandé deux mille louis, monsieur Gadoche?

— Pour l'instant, oui, j'ai parlé de cette modeste somme, répondit le marquis.

— Et pour plus tard?

— Moitié partout, mein herr. Voilà ce qui est juste.

Le Hollandais sauta du coup sur son fauteuil. Il dit pourtant :

— Que proposez-vous pour cela?

— Ma comédie.

— Voyons votre comédie, soupira Roboam.

— Elle est double, mein herr, et a deux objets également indispensables; tirer le chevalier de Saint-Georges de Paris, où il est à la fois introuvable et invulnérable, et le conduire en un lieu précis, choisi, préparé, où son dessein de gagner l'Angleterre puisse sauter aux yeux de la police française et excuser un... un... trouvez donc le mot !

— Un malheur, acheva honnêtement le Hollandais.

— Un malheur, c'est cela. Pour le premier objet, je m'en charge; c'est mon idée et mon secret. Quant au second, c'est le moment de vous apprendre pourquoi je vous ai prié de refuser à Mme la comtesse le brevet de la poste de Nonancourt.

— Pour cette femme, je me souviens...

— Hélène Olivat. Vous l'avez refusé parce que vous vouliez me le garder.

— A vous? Le brevet? Pourquoi?

— Pour une belle et forte fille que j'ai dû épouser à Bar-le-Duc, ces temps derniers...

— Et qui a nom

— Hélène Olivat.

— La même? s'écria Boër étonné.

— La même.

— Alors, quel intérêt?...

— C'est la comédie. L'aurais-je? J'entends le brevet?

— Vous l'aurez ce soir.

— Alors demain notre premier acte sera joué, et après-demain la mine, redevenue simple coup de pistolet, éclatera dans ce trou de Nonancourt, où personne ne prendra souci de l'entendre. Comptez les deux mille louis, s'il vous plaît, et inscrivez bien dans votre mémoire ce nom de Nonancourt, qui vaut pour nous des millions.

Roboam ouvrit un tiroir de son bureau. Le marquis de Romorantin-Gadoche tira de nouveau sa belle montre et la consulta.

— Onze heures et demie ! dit-il. Faisons vite ! La noce va attendre !

Roboam comptait. Deux mille ! dit-il enfin en refermant son tiroir avec bruit. Voilà une comédie qui coûte cher !

Gadoche fit disparaître les piles de louis dans les poches de son élégant habit avec une rapidité prestigieuse. Il prit sa canne et son chapeau.

— Je n'ai plus que dix minutes ! dit-il après avoir jeté un regard à la pendule. Je serai en retard. Un dernier mot, mein herr Boër : je vous donne rendez-vous demain, à Saint-Germain-en-Laye, où sera Jacques Stuart, en train de faire ses adieux à sa mère. Après demain, je vous donne rendez-vous à Nonancourt, pour jouer la grande partie. Songez au brevet. Au plaisir de vous revoir !

Dans le mouvement qu'il fit pour éloigner son siège, afin de gagner la porte, son bras gauche qu'il avait jusqu'alors gardé immobile, agit légèrement. Il laissa échapper un cri et devint pâle comme un marbre. Il ne s'arrêta point cependant, et Boër put l'entendre qui descendait lestement les escaliers.

Mein herr Boër, resté seul, traça quelques chiffres sur le papier et dit :

— Ci, quatre mille louis à la charge de mylord. Il faut bien que j'aie ma part de la mise en scène ! moitié partout !

Le carrosse de l'opulent Hollandais l'attendait tout attelé dans la cour de l'hôtel. M. le marquis de Romorantin s'y jeta sans façon, et cria :

— Fouette cocher, à Saint-Eustache !

A la sacristie de Saint-Eustache, précisément, il y avait une noce bourgeoise qui attendait. Personne n'aurait eu besoin de demander le nom du marié, car, Dieu merci, la famille de la mariée se plaignait de lui sur tous les tons : M. Delatouche ne venait pas ! M. Delatouche était en retard ! Un homme si comme il faut d'ordinaire ! C'était à penser qu'un malheur était arrivé à M. Delatouche !

Le père vous avait un air piqué, la mère pinçait sa bouche rubiconde, et l'on pouvait voir, en vérité, des larmes dans les pauvres yeux de la demoiselle haute en couleur, qui était l'épousée de M. Delatouche.

Que pouvait faire M. Delatouche? On l'avait vu le matin même ! M. Delatouche avait promis d'être bien exact. Où était-il? L'aiguille allait marquer midi au cadran de toutes les montres incessamment consultées; chacun interrogeait l'horizon, M. Delatouche ne se montrait pas !

Les cousins, les amis, envoyés à la découverte descendirent le perron et s'éparpillèrent dans les rues, demandant à tous les échos ce coupable M. Delatouche. Il y en eut qui allèrent jusqu'à la place des Victoires, d'autres descendirent au marché des Innocents.

Tout à coup, comme le premier coup de midi sonnait à l'horloge de Saint-Eustache, un carrosse superbement attelé s'arrêta sur le parvis. M. Delatouche ! C'était M. Delatouche !

Il descendit du carrosse, toujours leste, toujours souriant, et, certes, personne n'eut le courage de lui reprocher son retard.

— Retourne à l'hôtel, coquin, dit-il au cocher de mein herr Boër. Tu as failli me faire manquer mon bonheur d'une minute !

C'était donc, notre ami Piètre Gadoche, qui était M. Delatouche !

Il entra, salua, sourit, et tout le monde d'être content. Ce qu'il dit pour s'excuser, l'histoire ne le rapporte pas; mais le beau-père et la belle-mère et l'épousée ne se sentaient pas de joie d'avoir enfin récupéré leur M. Delatouche.

L'autel s'alluma, les cloches sonnèrent, la foule curieuse s'assembla, et Gadoche accomplit bel et bien son douzième hymen, sans sourciller, comme un gaillard qui en a bien vu d'autres. Il dîna même et copieusement; bien plus, il alla toucher la dot chez le notaire. Après quoi les détails manquent.

La chose certaine, c'est que le lendemain, on attendait encore M. Delatouche, et que cette fois on l'attendit longtemps.

XV

Le régent Philippe d'Orléans était seul en son cabinet de travail, dans la partie occidentale du Palais-Royal, au premier étage de l'aile qui confine maintenant à la Comédie Française. Midi venait de sonner aux Tuileries comme à Saint-Eustache. Le régent avait à la main une lettre ouverte du comte Stair, ambassadeur d'Angleterre, et sommeillait à demi sans la lire.

Auprès de lui, sur une table d'ébène, reposaient plusieurs écrits philosophiques, un exemplaire (marqué au sceau de la police), de la satire contre Louis XIV, attribué à Voltaire adolescent, et un cahier manuscrit contenant les premières *Philippiques* de Lagrange-Chancel, ce Junéval de la régence.

Le duc d'Orléans avait alors quarante-quatre ans. Ses traits étaient beaux mais pendants, et il portait sur son visage les traces d'une fatigue qui n'avait pas sa source dans le travail. Ses yeux enflammés avaient de ces larmes que la croyance commune attribue à l'intempérance; sa lèvre inférieure fléchissait, bouffie et pâlie, tandis que ses narines bien coupées, et même ses joues, encadrées encore de cheveux qui avait dû être remarquablement doux, se marbraient de sillons sanguinolents.

C'était l'heure de son lever; à cette heure redoutable pour les coquettes surannées, le régent était vieux. En public, quand l'après-midi le trouvait guéri de sa somnolence et qu'il avait subi les soins habiles de maître Gaudon de Pierrefite, son second valet de chambre, le régent pouvait passer encore pour un des beaux cavaliers de sa cour.

Il avait besoin, cependant, d'une chose autre que les soins

de Gaudon de Pierrefite pour arriver à ce rajeunissement, et la princesse Palatine, sa mère, qui avait le parler excessivement gras, disait de lui : « Il lui faut le poil de la bête ». Les ivrognes savent ce que cette locution signifie.

« La vie privée doit être murée », chante un de ces adages que tous ceux qui ont besoin de mur pour mettre au devant de leur vie vont emphatiquement répétant. Nous avons peu de chose à faire avec la vie privée de ce prince égoïste et doux, qui fit tant de mal aux mœurs françaises, et se suicida dans le vice, avec un incroyable parti pris. Si notre envie était autre, l'adage ne nous gênerait point, d'autant que Philippe d'Orléans aidait lui-même et de bon cœur la curiosité publique à ébrécher son mur.

Le dernier coup de midi vibrait encore, sonné par la magnifique pendule dont le globe de verre abritait toute une nichée d'amours mythologiques. Le prince venait de lâcher la lettre du lord Stair, qui eût laissé lire au premier entrant son contenu hautement confidentiel. M. Gaudon de Pierrefite, homme grave et réellement stoïque d'apparence, poussa doucement la porte. Il traversa la chambre sur la pointe du pied et mit incontinent le peigne dans la chevelure un peu raréfiée de Son Altesse royale.

— Quelle heure avons-nous? demanda le prince sans ouvrir les yeux.

— Midi une minute et quelques secondes, monseigneur, répondit d'un ton précis et posé M. de Pierrefite.

En même temps il prit la lettre tombée et la posa non point sur le guéridon, mais dans la poche de la robe de chambre du régent.

— Qui avons-nous? demanda encore celui-ci.

— M. Dubois, monseigneur, et M. Voyer d'Argenson.

Le régent bâilla.

— Et puis, poursuivit M. de Pierrefite, cette dame anglaise, lady Mary Stuart de Rothsay... écossaise plutôt, je pense.

Le régent ouvrit les yeux si brusquement qu'il se blessa, parce que les larmes dont nous avons parlé ont la fâcheuse propriété de joindre ensemble les paupières comme une dissolution de colle forte.

— Je vous donne trois minutes pour m'accommoder,

Gaudon, dit Philippe d'Orléans, qui se redressa sur son siège. Juste trois minutes !

Le second valet de chambre jeta un regard à la pendule et eut un orgueilleux sourire.

— Montre à la main, monseigneur, répondit-il.

Trois minutes après, en effet, le régent, debout devant la glace, souriait à sa propre image avec une certaine complaisance. Quoique hâtive et provisoire, l'œuvre de M. Gaudon de Pierrefite était complète. Le collyre bienfaisant avait touché les yeux malades, les caresses du rasoir et la poudre de riz donnaient à la peau je ne sais quel velouté heureux ; les cheveux, disposés savamment, cachaient leurs vides, comme une armée rangée selon l'art pour dissimuler ses pertes. Je crois même que « le poil de la bête » avait fait son office, car ce fut un verre d'une main et un flacon de l'autre que le second valet de chambre sortit, en disant :

— Monseigneur, montre à la main !

Philippe d'Orléans le remercia d'un geste de sa main, qui disparaissait à demi maintenant sous un flot de dentelles, et lui ordonna d'introduire lady Stuart de Rothsay. Il ajouta :

— Je n'y suis pour personne autre.

Le régent de France reprit sa place auprès de sa table de travail, et lady Stuart entra presque aussitôt après. Le régent se leva, la prit par la main et la conduisit à un siège.

Dépouillée de cet attirail un peu romanesque qui lui avait valu son surnom de la Cavalière, Mary Stuart de Rothsay, seconde fille d'Alexandre Stuart, duc de Rothsay, et de Maria da Silva-Macedo, veuve du dernier duc de Cadaval, (le seul duc portugais qu'il y eût alors), était une jeune fille de vingt-quatre ans, à la beauté brillante que voilait aujourd'hui une apparence de tristesse. Elle portait le costume usité à la cour d'Espagne, et les plis nombreux de la dentelle noire qui encadrait l'exquise beauté de ses traits allaient merveilleusement à ses cheveux d'un brun fauve, riches de ton entre tous, et que produit si souvent le croisement de la race du Nord avec le sang plus chaud des pays du soleil.

Elle était grande, nous l'avons dit, et sous la mélancolie de sa démarche, on devinait la force, de même que l'habitude des beaux sourires perçait derrière la fermeté froide de sa physionomie. Le régent murmura :

— C'est une gageure ! chaque jour vous fait plus belle !

Un peu de rougeur vint à son front charmant. Elle sourit pourtant, rejetant en arrière les noires broderies de son voile avec les boucles lourdes de ses cheveux.

— Monseigneur, dit-elle, je vous demande pardon de me présenter si matin. Me serait-il permis de supplier Votre Altesse royale d'entendre avec le sérieux qui convient à un si grand prince ce que j'ai à lui dire?

— Lady Mary, répondit le duc d'Orléans, je comptais, moi aussi, ce matin, vous parler d'affaires sérieuses.

— Je remercie Votre Altesse royale.

— Votre Grâce, répliqua le régent, qui s'inclina en cérémonie, il y a peut-être de quoi me remercier. Avant d'entamer la question d'État, cependant, j'ai besoin de vous dire une fois encore que j'ai pour vous la plus vive affection.

— Celle d'un ami, monseigneur?...

— Certes, madame, une Stuart a bien le droit de réclamer camaraderie avec un simple cadet de Bourbon.

— Monseigneur ! dit la belle visiteuse qui fronça le sourcil.

— Cavalière ! s'écria le duc d'Orléans, riant tout de bon et comme un bon bourgeois. Allez-vous m'offrir un cartel? Voyons ! déplissez ce beau front, et n'essayez jamais soit de prendre la lune avec vos dents perlées, soit d'empêcher un Français de sourire... Je vous aime donc de tout mon cœur, en ami, en sincère ami, et si vous n'étiez pas venue ce matin, j'aurais été vous rendre visite.

— A moi, monseigneur !

— Sans façon... pour vous dire : Chère lady, vous conspirez, et j'en suis désolé pour vous. Que répondez-vous à cela?

— Je réponds que je ne conspire pas, répliqua lady Stuart froidement.

— Cavalière ! répéta le régent. Quelle vogue vous auriez eue au bon temps de la Fronde ! Ah ! Cavalière ! Cavalière !

Lady Stuart, qui le regardait en face, demanda :

— Est-ce conspirer que de servir son roi?

Philippe d'Orléans ne trouva pas tout de suite le mot qu'il fallait pour répondre.

— Il y a roi et roi, dit-il enfin comme un homme qui se sent entraîné sur un terrain glissant.

— Je parle à l'oncle et au tuteur de Sa Majesté Louis quinzième, murmura la Cavalière d'une voix lente et presque timide. Je pensais que pour lui, il n'y avait qu'une sorte de rois.

— Vertudieu ! s'écria Philippe, qui essaya de rire, nous en avons dans l'aile ! J'avais pourtant juré que je ne causerais jamais politique avec les dames ! Milady, je suis bien forcé de vous avouer qu'à tort ou à raison, le roi d'Angleterre, le seul roi est pour nous George de Hanovre, premier du nom.

— Je le sais, Monseigneur, repartit lady Stuart, et je n'en félicite pas Votre Altesse royale.

— George Ier, poursuivit le régent, dont l'œil se détourna tandis que ses sourcils se fronçaient légèrement, étant pour nous le seul roi d'Angleterre, et de plus notre ami très fidèle et très honoré, j'ai dû vous prévenir que vos menées dirigées contre son gouvernement présentent, vu l'état des choses, un danger pour votre sûreté personnelle.

— Vu l'état des choses..., répéta lady Stuart d'un air pensif. Demain les choses peuvent changer.

— Je ne l'espère pas pour vous, milady, répliqua le régent sèchement.

— Mais Votre Altesse royale le craint peut-être pour elle, prononça très bas Mary.

Elle ajouta, en relevant ses beaux yeux sur Philippe d'Or-léans :

— Serait-ce aller trop loin que de demander les crimes dont on m'accuse?

Le régent prit un pli décacheté sous le petit volume délicate-ment relié qui contenait la satire de Voltaire.

— Ils sont nombreux, madame, dit-il, et quoique je n'en garde point de colère, ils ont une très positive gravité.

En parlant, il avait retiré le pli de l'enveloppe.

— Notez, continua-t-il en parcourant du regard le papier qu'il tenait à la main, que j'ai d'autres renseignements encore par mylord comte Stair, mais je rougirais d'en faire usage contre vous... Ceci appartient à l'administration française.

— Voici seulement trois ans, dit lady Stuart d'un ton paisible, l'administration française eût fait pendre mylord comte de Stair, pour ne pas perdre avec un pareil malfaiteur, le loyer d'un cachot à la Bastille !

— Madame !... dit à son tour Philippe d'Orléans, qui se redressa de son haut.

— Monseigneur, mylord comte de Stair a tenté de faire assassiner Jacques Stuart !

— Je ne crois pas cela, madame... et je ne pourrais pas en écouter plus long à ce sujet. Voici les avis reçus par moi hier au soir ; ils émanent de M. le lieutenant de police.

Lady Stuart s'inclina et garda le silence.

— Depuis huit jours que Votre Grâce est à Paris, poursuivit le régent, de retour de ce voyage de Bar-le-Duc où elle a mérité son surnom de Cavalière, nous comptons huit visites de vous à M. l'ambassadeur d'Espagne.

— Les Giudice sont parents des Silva de Naples, répondit Mary. M. le prince de Cellamare est mon cousin.

— M. le prince de Cellamare intrigue contre la France, madame.

— Il ne me l'a pas dit, monseigneur.

— Cinq visites à M. Law de Lauriston...

— Celui-là n'est-il pas l'ami de Votre Altesse?

— Oui, mais il est écossais et dispose de sommes immenses.

— Peut-être ai-je eu fantaisie de jouer sur vos actions de la Louisiane, monseigneur.

— On se ruine à ce jeu, madame ! A celui dont je vous soupçonne, on se perd... Six visites à la cour de Sceaux...

— Chez le fils et la bru de Louis XIV, fille du grand Condé.

— Ce sont mes ennemis, madame !

— Monseigneur, je suis reconnaissante envers la mémoire du feu roi... et si vous avez achevé, comme je le crois, puisque vous refermez votre lettre, je m'adresse à la justice du régent et je demande le droit de plaider ma cause. Votre police ne sait pas tout, monseigneur, et, Dieu merci, j'ai mieux employé mon temps que M. d'Argenson ne paraît le croire. J'ai fait beaucoup, je suis contente de moi, je prie ardemment la Providence que jamais n'advienne à la maison de Bourbon la centième partie des malheurs qui ont accablé la famille des Stuart ; et si la main de Dieu touche votre royal pupille ou sa descendance, je souhaite que Stuart rende à Bourbon ce que le grand roi Louis XIV fit pour Stuart exilé. Ce sont d'étranges crimes, monseigneur, que les crimes politiques ! En ces matières subtiles, la vertu d'hier est le forfait d'aujourd'hui. Hier la France était glorieuse ; aujourd'hui...

— La France est heureuse, madame, dit Philippe d'Or-

léans sans emphase, mais avec dignité. Ceux qui avaient faim
ont du pain et me bénissent, on me l'a dit, laissez-moi le croire...
et brisons là, je vous prie : Nous ne nous comprendrions pas
en ces matières que vous déclarez vous-même très subtiles.
Faut-il vous l'avouer? vous ne m'avez point blessé; peu de
choses me blessent : c'est la qualité de mes défauts. J'aurais
tort, à mes propres yeux, d'avoir trop raison contre une
noble femme que j'aime comme un frère... comme un père,
si vous voulez. Le gouvernement du roi vous pardonne, lady
Mary Stuart de Rothsay, mais il vous avise de prendre garde.
Veuillez me dire maintenant ce que vous demandez de moi.

— Je réclame de Votre Altesse royale, répliqua Mary,
un sauf-conduit pour moi et ma suite.

— Vous voulez passer en Angleterre?

— En Écosse, monseigneur.

— Et votre suite se compose?

— De deux gentilshommes, outre ma domesticité.

Le régent rouvrit l'enveloppe qui contenait le rapport du
lieutenant de police et le consulta de nouveau.

— Yves et René de Coëtlogon, murmura-t-il. Vieux noms !
solide noblesse ! lieutenants de roi en Bretagne depuis cent ans !
Demandez-moi pour eux deux brevets de capitaine dans
l'armée de Sa Majesté, et non pas les moyens de quitter la
France !

— Monseigneur, je vous ai demandé ce que je voulais.

— Je vous refuse, madame, et je vous en donne les motifs
tout de suite. Le sauf-conduit servirait au chevalier de Saint-
Georges.

— Alors que le sauf-conduit soit pour moi seule.

Philippe d'Orléans réfléchit un instant, puis répondit :

— Soit.

— Je rends grâce à Votre Altesse royale, dit Mary.

— Est-ce tout?

— Non... si je ne craignais d'abuser?

— Ne craignez rien. J'accorderai seulement ce qu'il me
plaira d'accorder.

— Dans cette campagne que vous raillez, monseigneur,
reprit Mary avec son plus gracieux sourire, pauvre campagne
en effet, j'ai contracté des obligations envers une malheureuse
femme...

— Bien, cela ! à la bonne heure ! Demandez tout ce que vous voudrez.

— Que de reconnaissance, monseigneur ! La poste de Nonancourt est, dit-on, vacante : je demande, pour ma protégée, la poste de Nonancourt.

— C'est la seule chose que je doive vous refuser, madame, répliqua le régent sans hésiter.

— Pour quel motif? une si humble requête !

— Par ce motif que Nonancourt est sur la route d'Angleterre.

Il prit dans sa poche la lettre de mylord ambassadeur.

— Madame, dit-il, votre itinéraire est marqué là. Vous jouez une partie impossible ! Parlons à cœur ouvert, je vous prie; et que le mot amitié n'ait pas été en vain prononcé entre nous. Êtes-vous fiancée au chevalier de Saint-Georges?

— J'aime le roi jusqu'à la mort ! prononça lady Stuart en appuyant la main contre son cœur.

— Cavalière ! Cavalière ! murmura le régent. Alors, il n'y a pas à s'y tromper, nous avons fait le rêve complet, et je parle à la reine prétendante d'Angleterre?

— Vous vous trompez, monseigneur, repartit froidement lady Stuart. J'ai fait serment à la mère du roi de n'être jamais reine, s'il en était autrement, je serais un obstacle : le roi est promis à la princesse Marie-Casimir-Clémentine Sobieska, de Pologne.

— Oui-dà ! fit le régent. Plus Cavalière encore que je ne croyais ! Mais, en ce cas, quelle mouche vous pique?

— Quelle mouche piquait Jeanne d'Arc? s'écria la belle Écossaise, dont les regards étincelèrent.

Le duc sourit. Elle reprit d'un ton glacé :

— Mais Votre Altesse Royale n'aime pas les héroïnes et n'y croit pas peut-être.

— Ma foi, madame, murmura le régent, qui se renversa sur son siège, j'avoue que je ne me suis jamais interrogé à fond au sujet de Jeanne d'Arc. Vous me prenez sans vert. Ce devait être une fille bien portante et robuste, à en juger par son armure, que j'ai vue en mon apanage d'Orléans. Parlons de vous, je vous prie, et dépêchons, car le temps passe. Voici d'abord, et quoi qu'il arrive, votre sauf-conduit personnel que je signe et que je scelle.

Il fit comme il disait.

— Maintenant, poursuivit-il, écoutez-moi, Jeanne d'Arc!
sur mon honneur de gentilhomme, je voudrais sauver ce
jeune Stuart...

— Le roi, rectifia Mary. Je vous crois, monseigneur.

— Grand merci, madame. L'autre roi d'Angleterre ne me
fait pas toujours tant d'honneur. Si M. le chevalier de Saint-
Georges veut retourner paisiblement en Lorraine et y rester,
je réponds de sa sûreté sur ma parole!

— Mille grâces...

— Attendez!... sinon, non. Vous entendez, ce non veut dire
que je ne réponds pas de sa vie...

Et ne préjugez rien, milady, se reprit-il avec une sorte de
sévérité. Nul ne sait ce que l'avenir nous réserve, mais le passé
est malade et le pouls du présent bat la fièvre! Louis XIV,
avant de mourir, avait déserté la cause des Stuart. Le salut
du monde est dans l'alliance de la France et de l'Angleterre.
En présence de cette grande chose, la vie d'un homme, fût-il
Stuart — ou Bourbon même! — n'est rien. J'ai parlé en toute
vérité.

La Cavalière se leva aussitôt; et, en dépit de lui-même,
Philippe d'Orléans s'avoua tout bas que c'était bien là une
reine.

— Prenez le temps de réfléchir, conseilla-t-il d'une voix
adoucie.

Elle s'inclina sans répondre.

— Madame, dit-il, debout aussi, quoique je vous aie tout
refusé, je sollicite la faveur de baiser votre main.

Marie lui tendit ses doigts en souriant.

— Vous ne m'avez pas tout refusé, murmura-t-elle, et
j'emporte d'ici un bon souvenir.

Elle retira sa main soudain et recula d'un pas, le rouge au
front. Le régent venait de lui passer au doigt un superbe diamant.

— Prince! dit-elle, cela n'est pas digne de vous!

— Madame, répliqua-t-il avec cette gracieuse grandeur
qui était à lui, mais qu'il laissait souvent tout au fond de sa
paresse, Stuart et Bourbon sont cousins, et vous m'avez permis de me dire votre ami. Si vous me refusez, le diamant sera
brûlé, car je ne veux pas qu'il soit à une autre qu'à vous. Adieu,

chère, charmante lady. Si les nobles s'en vont, comme le dit ce
petit Arouet de Voltaire, d'Orléans n'aura qu'un pas à glisser
pour devenir un bon bourgeois : c'est tant mieux !

Il sonna. Mary, qui avait ôté le diamant, le remit d'elle-
même à son doigt.

— Qui sait, monseigneur, murmura-t-elle avec un étince-
lant sourire, qui sait si cette bague n'achètera pas la couronne
d'un roi !

— Chut ! fit le régent.

Gaudon de Pierrefite annonçait :

— M. Voyer d'Argenson, lieutenant de police !

XVI

COMMENT ET OU LA CAVALIÈRE AVAIT CACHÉ LE ROI

L'audience accordée à M. le lieutenant de police fut longue et laissa le régent de France soucieux. Mylord ambassadeur d'Angleterre ne fut point reçu ce jour-là au Palais-Royal.

— Abbé, dit Philippe d'Orléans à son premier ministre Dubois, qui venait quérir de ses nouvelles, j'ai fait pendre un voleur qui était un peu mon cousin; je ferais rouer vif un assassin, souviens-toi de cela, fût-il mon fils ou mon père! Répète ceci à mylord comte Stair. M. d'Argenson vient de me raconter une honteuse histoire où l'ambassadeur d'un grand pays est mêlé à un Roboam Boër et à un Piètre Gadoche! Si le roi George fait alliance avec Cartouche, il n'a plus besoin de moi. Je suis mécontent. Que tout marche droit, ou tu auras les deux oreilles coupées, et le cou! Va-t'en!

Dubois sortit la tête basse. Le régent se mit à table de méchant appétit. Mais, quand vint le soir, Philippe d'Orléans, l'œil rouge et la joue livide, s'appuya sur l'épaule du même Dubois pour gagner la petite porte de l'Opéra. Le monde avait marché! Ce bon lord Stair était dans sa loge, baragouinant le français avec une demi-douzaine d'abandonnés des deux sexes. Était-il bien l'heure de parler morale, tout exprès pour troubler la paix de l'univers?...

Lady Mary Stuart, cependant, reprenant son carrosse au sortir du Palais-Royal, avait regagné l'hôtel de Lauzan, où elle faisait sa résidence. L'hôtel de Lauzan était situé au quartier de la Fronde, comme on appelait encore en ce temps le coin du vieux Paris compris entre les rues du Roule, Saint-Denis, de la Ferronnerie et le quai de la Mégisserie. Il s'élevait à l'endroit même où le prolongement de la rue de Rivoli coupe aujourd'hui la rue des Bourdonnais élargie, remplissant d'air et de soleil cette forêt de masures et de palais où jadis on coupait la bourse des voyageurs égarés en plein midi.

Honoré-Martel Goyon de Matignon, premier marquis de Lauzan, l'avait acquis des héritiers de ce fameux conseiller Blancmesnil que les mémoires « pour servir à l'histoire de France » et les almanachs édités « par une société de gens de lettres et de savants » ont fait presque aussi illustre que le bonhomme Broussel lui-même !

C'était un grand bâtiment de bel aspect et qui fit depuis très bien l'affaire d'un roulage pour la France et l'étranger. Paris ne se gêne pas beaucoup avec ses palais. Sur dix de ces châteaux urbains qui foisonnent encore dans le Marais, il y en a neuf, pour le moins, qui sont occupés par l'industrie.

Une particularité que nous ne devons point passer sous silence, c'est que l'hôtel de Lauzan avait un mur mitoyen avec l'ancien hôtel de Besmes, habité alors par le président de Paulmy, frère puîné de M. d'Argenson, lieutenant de police. Ce voisinage, on le comprend, permettait à la police d'exercer sur la maison de lady Mary Stuart une surveillance incessante, qui ne blessait nullement les convenances.

Paris, en vérité, se montrait assez galant avec la Cavalière; la cour et la ville s'occupaient d'elle considérablement; une semaine encore, elle allait passer à l'état de curiosité officielle et rassembler les badauds derrière son carrosse.

On l'avait vue partout, brillante et belle comme un astre, escortée par les meilleures étoiles de la mode : La Fare, Nocé, le jeune duc de Medina-Torrès, le vieux duc de Noailles, Pepoli, qui voulait être doge, Liechtenstein, qui régnait sur vingt-cinq mille âmes et mangeait cinquante millions de livres tournois par an, Argyll, le puritain-chevalier, Caraccioli, le nonce, et M. Law lui-même, John Law de Lauriston, le grand Law, le soleil, le dieu !

Le régent était à ses pieds, on le disait, et rien ne semblait plus probable de la part de ce cœur d'amadou. Elle avait ébloui un jour les parterres séditieux de ce palais de Sceaux où Mlle de Launay dépensait tant d'esprit à divertir la fille naine du grand Condé; le lendemain, elle resplendissait au Luxembourg, où trônait la duchesse de Berry.

Là, comme ici, la Cavalière avait été reine de beauté. Mais

ce n'est pas assez, vous pensez bien, pour mettre Paris en fièvre. De tout temps, Paris fut si riche en fait de beautés ! Il faut autre chose.

Autre chose y était. Cette fière et charmante créature était complète à ce point de vue romanesque qui soulève les grandes vogues. Rien ne lui manquait. Elle avait son roi.

« Son roi ! » son mystère, le chevalier de Saint-Georges, caché dans une cave aujourd'hui et qui demain pouvait s'asseoir sur le trône d'Angleterre. Notez que Philippe d'Orléans avait beau s'ingénier : Paris, français et catholique, ne se prenait pas d'une passion bien vive pour ce Hanovrien accusé de cruautés si froides et dont la seule gloire était de tenir haut le drapeau de la foi protestante. Paris n'aime ni les maris féroces ni les maris malheureux; le roi George était l'un et l'autre à la fois : George Barbe-bleue et George Dandin.

Où l'avait-elle mis, son roi, la Cavalière? C'était un prestige, une féerie. Le chevalier de Saint-Georges avait disparu comme par enchantement, à l'heure même où son pied touchait le pavé de Paris.

Avec le voisinage de ce terrible hôtel de Paulmy, qui avait cent yeux de plus qu'Argus, avec les intelligences que le comte Stair, au vu et au su de tout le monde, se ménageait à prix d'argent dans la domesticité de lady Stuart, autant eût valu une maison de verre. Il n'y avait pas, dans tout ce vaste édifice, un trou de souris où cacher le roi.

Où était le roi? Chaque matin, Roboam Boër se posait ce problème, et Pètre Gadoche, marquis de Romorantin, faisait de loyaux efforts pour le résoudre.

Où était le roi? le roi de la Cavalière? ce roi qui n'avait pas de couronne, mais qui, en définitive, valait un million sterling?

Voilà ce que disait Paris, qui n'y va jamais par quatre chemins quand il s'agit de résoudre des problèmes. Paris disait que la Cavalière avait mis son roi en sevrage au Palais-Royal. Ce pauvre M. d'Argenson était sur les dents !

On citait la partie du palais ! l'aile, le corridor, la chambre où le régent prêtait un lit à Jacques Stuart.

Allons donc ! répondait cependant Paris, un autre Paris, car ils sont beaucoup de Paris dans Paris : Billevesées que tout cela ! Fadaises ! lanternes ! Le carrosse de la Cavalière a un double fond comme le gobelet des escamoteurs florentins. Le roi est trop délicat pour vivre à la cave. On le promène la nuit et le jour dans son double fond, tout tapissé de dentelles blanches et de satin rose !

Un troisième Paris parlait d'une cachette bien commode, située au sommet des tours de Notre-Dame. Les chanoines n'avaient pu en refuser la clef. Un quatrième Paris causait d'un mystérieux bateau qui était on ne savait où, sur la Seine. Un cinquième racontait que, la nuit, un convoi de marmitons quittait l'hôtel de Lauzan, portant des réchauds, des bouteilles, et allait au quartier de Gentilly, où sont les bouches des catacombes.

Un sixième... le croiriez-vous? Le sixième Paris prétendait que le double fond n'était pas dans le carrosse, mais bien dans le propre hôte de M. d'Argenson. Que voulez-vous ! Quand Charenton sera assez grand, on y mettra Paris. Patientons jusque-là.

Eh bien ! chose singulière, c'était le sixième Paris qui, tâtonnant ainsi à perte de vue, approchait le plus près de la vérité vraie; et si la police de M. d'Argenson, la police du comte Stair et la police du brave mein herr Roboam n'y voyaient que du feu, c'est qu'elles cherchaient bien loin ce qui était tout près peut-être.

Il pouvait être deux heures de l'après-midi, quand lady Mary Stuart, quittant le régent, rentra en son hôtel par la porte particulière qui donnait accès dans ses appartements privés. Sa fille de chambre lui dit que « ces messieurs » étaient au salon. Par « ces messieurs », on désignait, à l'hôtel de Lauzan, Raoul de Châteaubriand-Bretagne, le baron Douglas, Harrington, Erskine, Drayton, etc., tous les fidèles. Ils venaient chaque jour prendre les nouvelles du roi et ses ordres; mais aucun d'eux, et ils s'en plaignaient amèrement, aucun d'eux, excepté Raoul peut-être, ne connaissait la retraite du roi.

Nous n'avons point nommé les jeunes messieurs de Coëtlogon, Yves et René, parmi les fidèles de l'hôtel de Lauzan, parce qu'ils faisaient partie de la maison même : ils appartenaient à lady Mary Stuart comme des gentilshommes peuvent être à une reine.

En entrant dans sa chambre à coucher, lady Stuart était

pensive. Les dernières paroles du régent restaient dans son
esprit. Peut-être y avait-il un doute en elle désormais, soit
qu'elle eût appris à juger Jacques Stuart dans cette intimité
de quelques jours, succédant à une longue absence; car elle
n'avait jamais revu Jacques, entre le temps où, enfant elle-
même, elle partageait les jeux de son adolescence au palais
de Saint-Germain, et cette soirée qui avait vu leur rencontre
si caractéristique au rendez-vous de chasse de la Croix-
Aubert, dans les grandes coupes de Béhonne. Peut-être cette
semaine passée près du roi avait-elle affaibli une foi ou détruit
une espérance.

Elle avait suivi un jour l'impulsion de sa nature enthousiaste et véritablement chevaleresque; elle s'était élancée au
milieu du danger, disant: « Je donnerai ma vie au roi ». Elle
était prête à tenir sa promesse, mais le roi voulait plus encore.
La Cavalière hésitait, car elle n'avait engagé que sa vie.

Elle songeait, à cette heure, se demandant, au plus profond de sa conscience, si le conseil de Philippe d'Orléans
n'était pas sage et loyal; si ce jeune homme ne serait pas
mieux, pour lui et pour son peuple, sur le chemin de Bar-le-Duc,
où étaient la belle chasse et la chapelle paisible, que sur la
route de Londres, qui menait au trône, à la guerre, à l'échafaud.

Comme elle réfléchissait ainsi, elle s'approcha de son lit,
derrière lequel un beau prie-Dieu semblait l'appeler. Son
nom prononcé passa à travers la cloison. Elle s'arrêta et sa
main s'appuya contre son front.

Il y avait deux voix qui parlaient dans la chambre voisine,
où les deux jeunes messieurs de Coëtlogon étaient réunis, bien
changés tous deux depuis cette soirée où nous les vîmes pour
la première fois. René était debout; il semblait, à voir son
front mûri, que ces quelques jours eussent duré pour lui des
années. Ses sourcils froncés donnaient à son regard, naguère
si doux, une expression de souffrance et de colère. Yves s'étendait sur son lit où le clouait encore sa blessure, reçue à la
Font-de-Farge. Quoiqu'il fût bien pâle, il avait l'air moins
frappé que son frère.

Ce qu'ils disaient nous ne le détaillerons pas, mais à un
moment, Mary entendit la voix de René qui demandait :

— Où peut-elle être?

— Avec le roi, répondit Yves.

— Le roi ! s'écria René. Toujours le roi !

Il y avait dans ces paroles comme une colère. Mary Stuart, malgré elle-même, écouta plus attentivement. L'entretien continuait. Les deux frères s'aimaient d'une belle et pareille tendresse et, pourtant, leurs voix s'altéraient tandis que leur langage se teintait d'amertume.

— Frère, s'écria enfin Yves, le blessé, embrasse-moi; je ne sache rien au monde qui pût nous séparer !

Lady Mary Stuart entendit sans doute la réponse de l'autre Coëtlogon, car elle porta la main à son front en murmurant :

— Noble René !

Mais elle ajouta avec un soupir :

— Pauvre René !

Elle s'agenouilla au prie-Dieu.

— Le roi ! toujours le roi ! rien que le roi ! dit-elle d'un accent rêveur.

Après sa prière faite, elle dérangea le prie-Dieu, et introduisit une clef dans la serrure d'une porte masquée. Aussitôt que la porte s'ouvrit, Jacques Stuart s'élança vers elle.

— O Mary ! s'écria-t-il, je voudrais que mon malheur durât toujours pour avoir toujours votre aide bénie !

Nous disions naguère que la portion des badauds de Paris qui plaçait le chevalier de Saint-Georges chez M. d'Argenson était bien près de la vérité. Le lecteur va en juger. La chambre à coucher de la Cavalière était la dernière pièce de l'hôtel de Lauzan du côté du nord et confinait au gros mur de l'ancien hôtel de Blancmesnil, devenu la demeure du président de Paulmy. Aux temps agités de la Fronde, la manie des cachettes avait pris des proportions formidables, surtout dans les rangs de Messieurs du Parlement. Chez Blancmesnil seulement, il y avait une demi-douzaine de cachettes; jugez du nombre de réduits que devait contenir la maison de l'épique et tremblant Broussel, dont la gloire imbécile vivra autant que la maladie des barricades.

Si les serviteurs de Jacques Stuart le trahissaient quelquefois, comme nous l'avons vu à la Croix-Aubert, ses ennemis n'étaient pas non plus à l'abri de la séduction. Pour une poignée de louis, on avait acheté un valet de M. de Paulmy. Le gros mur percé avait donné accès dans une des cachettes

11

du conseiller de Blancmesnil, et le chevalier de Saint-Georges se trouvait logé tranquillement, sinon fort au large, dans la propre maison du frère de M. le lieutenant de police.

On avait mûré solidement la porte qui communiquait à l'hôtel de Paulmy. Raoul avait pris avec lui le valet du président et le tenait bien, de sorte qu'au total, il n'y avait que deux personnes dans le secret. Les gens de l'hôtel de Lauzan, fidèles ou non, ne pouvaient trahir, ni par imprudence, ni par avidité. Tout le monde, y compris les Coëtlogon eux-mêmes, croyait le roi caché dans une retraite éloignée.

Un timbre était établi qui annonçait la venue des visiteurs, quand Mary Stuart de Rothsay s'enfermait dans sa chambre pour consacrer quelques instants au royal proscrit.

Aujourd'hui, celui-ci venait à peine d'entrer que le timbre tout à coup retentit.

— Déjà ! s'écria le chevalier de Saint-Georges. Ah ! voilà ce qui me donne envie d'être le maître !

— Sire, je reviendrai, répliqua la Cavalière ; je dois ouvrir pour éviter les soupçons.

Elle referma précipitamment la porte, poussa la tapisserie et disposa le prie-Dieu de façon que l'œil le plus exercé ne pût soupçonner l'issue secrète, puis elle tira le verrou de la porte extérieure.

— Sir Percy Evelyn, dit le valet qui attendait au dehors, demande à entretenir votre grâce.

— Percy Evelyn ! répéta la Cavalière. Ce n'est pas un nom des highlands, et je ne connais pas ce gentleman.

— Il vient de la part de Sa Seigneurcrie Jean Stuart, comte de Mar.

— Qu'il entre ! ordonna Marie.

En même temps, elle retira le verrou qui fermait en dedans la porte communiquant avec la chambre des deux gentils-hommes bretons et commanda à haute voix :

— Messieurs de Coëtlogon, veillez !

XVII

SUR LA POPULARITÉ ET NOTAMMENT DE QUELLE RÉPUTATION
DIGNE D'ENVIE MONSIEUR CARTOUCHE JOUISSAIT DANS
PARIS.

La photographie n'était pas inventée, mais il y avait déjà
la gravure en taille-douce qui propageait très suffisamment
les yeux, la bouche et le nez des personnages célèbres. Vous
n'eussiez pas trouvé à Paris un seul marchand d'estampes
qui n'eût à vendre quelques douzaines du portrait de M. Cartouche, comme on appelait respectueusement ce bandit de
mérite, ni un seul cabaret qui ne l'eût acheté pour le sus-
pendre, encadré ou non, à sa muraille.

On en avait mis partout, et croyez bien que, dans un petit
coin de sa conscience orgueilleusement bourgeoise, Paris
était fier de son Cartouche. A tout prendre, Cartouche était
un brigand de première qualité. Il était né à Paris, à la Cour-
tille, chose strictement parisienne; il avait fait ses études à
Paris; il était une gloire de Paris. Paris le constatait. Quel
mal? Certes nous avons maintenant à nos vitres des portraits
de vertueux citoyens qui ne valent pas *monsieur* Cartouche !

Ce que nous voulons donner à comprendre, c'est qu'il
n'était point possible de vivre huit jours à Paris sans connaître
intimement M. Cartouche, non seulement dans ses traits,
burinés à toutes les devantures, mais encore dans sa vie, tant
publique que privée, écrite, racontée, embellie et poétisée,
à 500.000 exemplaires.

Voici pourquoi nous avons parlé de M. Cartouche et de
son enviable popularité, c'est que quand sir Percy Evelyn,
l'envoyé du comte de Mar, passa le seuil du boudoir de lady
Mary, celle-ci recula de trois pas, suffoquée par l'étonnement,
et s'écria :

— Vous êtes Cartouche !

A quoi le valet de chambre, qui n'avait pas encore fermé la porte, répondit :

— Je l'avais bien remarqué. Le gentilhomme ressemble beaucoup à M. Cartouche.

Et il resta immobile, quoiqu'un peu effrayé, attendant les ordres de milady.

Sir Percy Evelyn, personnage robuste, aux traits fortement caractérisés, et paraissant âgé d'une trentaine d'années (précisément l'âge de Cartouche) eut un sourire de paisible bonhomie.

— Voilà dix fois qu'on me corne cela aux oreilles depuis deux heures que je suis à Paris, dit-il avec le plus pur accent des Basses-Terres d'Écosse. Il paraît que ce Cartouche est bien de sa personne... Milady, ajouta-t-il en s'inclinant très bas, je prie votre grâce de faire que nous soyons seuls.

La Cavalière le regardait en face. Sir Percy Evelyn soutint ce regard d'un visage si lowlandais, qu'elle fit signe au valet de se retirer. Celui-ci obéit aussitôt, et non sans un évident plaisir.

— Milady, reprit sir Percy Evelyn, qui laissa de côté son accent dès que la porte fût refermée, vous êtes une maîtresse femme, parole d'honneur ! J'aurais risqué l'aventure, rien que pour avoir l'honneur de faire votre connaissance !

La Cavalière, loin de manifester le moindre trouble, se redressa de toute sa hauteur.

— Vous vous êtes introduit chez moi... commença-t-elle.

— Assez adroitement, n'est-ce pas, milady? je vous demande pardon de vous interrompre : c'est mon état d'entrer partout.

— Vous êtes un espion de police !

La figure du nouveau venu exprima une sincère indignation.

— Ah ! fi donc ! répliqua-t-il. En ai-je l'air, belle dame, on n'a pas besoin de venir du fin fond de l'Écosse pour avoir l'envie et les moyens de sauver M. le Chevalier de Saint-Georges, qui, je vous en préviens, est cloué à Paris pour long-temps, si quelque homme de l'art ne prend pas la peine de lui forger une clef des champs.

Pendant qu'il parlait ainsi d'un ton dégagé mais poli, la Cavalière avait supprimé tout son extérieur d'émotion.

— Qui êtes-vous? demanda-t-elle.

Au lieu de répondre, l'inconnu prononça tout bas :
— Il est ici !

Puis, souriant doucement et avec une discrète familiarité :
— Ici, ici ! belle dame, et non pas ailleurs ! précisa-t-il en pointant du doigt la tapisserie derrière le prie-Dieu.

La Cavalière bondit vers la table et y saisit un pistolet. L'étranger salua et poursuivit :
— Vous voyez bien ! j'en étais sûr !

Il appuya sa main sur le dossier d'une chaise.
— Si un coup de feu était tiré par malheur dans cette maison, continua-t-il sans rien perdre de son aisance courtoise, je ne vois pas comment le chevalier de Saint-Georges en réchapperait : j'ai vingt-cinq hommes au dehors...
— Mon hôtel est investi ! s'écria lady Stuart, qui pâlit pour le coup.
— Mais pas du tout, belle dame, répliqua l'étranger; mais remettez-vous donc, belle dame ! L'imagination perd votre sexe. Je ne vous ai pas soufflé mot de cela... Permettez-vous que je sois assis?
— Je veux une explication immédiate et brève, monsieur !

L'inconnu prit le siège et s'y plaça dans une position fort convenable.
— Vous mettriez le comble à vos bontés, belle dame, dit-il, si vous vouliez accepter ce fauteuil, là, vis-à-vis de moi, afin que nous pussions causer à notre aise.
— Parlez, monsieur ! s'écria Mary Stuart avec colère. Je le veux !
— Belle dame, je suis ici pour vous obéir. Il me peinait de vous voir debout quand je suis assis. Voilà tout... Nous disons donc que vous avez fantaisie de savoir comment j'ai deviné... Je dis : moi, et moi tout seul, car mes vingt-cinq hommes ne sont pas dans mon secret... comment j'ai deviné que M. le chevalier de Saint-Georges est ici. Votre tête secoue ses dentelles et me dit : « Non, le chevalier de Saint-Georges n'est pas ici ». Mais je prends la liberté d'avoir plus de confiance en moi-même qu'en vous. D'abord, et pour première raison, le chevalier de Saint-Georges est ici tout uniment parce qu'il n'est pas ailleurs. Paris est une poche que je retourne à ma volonté. J'ai retourné Paris : pas de chevalier de Saint-Georges !

Arrivé tout au fond de la poche, c'est-à-dire à l'hôtel de M. Voyer de Paulmy, ici près, j'ai demandé Germain, le valet de chambre. Germain avait quitté le service de M. de Paulmy : Un grison qui se reposait là depuis vingt-cinq ans à ne rien faire ! C'était drôle ! J'en pris note. Où était Germain ? Chez M. le vicomte Raoul de Châteaubriand. Peste ! Tayaut, Miraut ! voilecy ! voilecy, allez je suis un peu chasseur, comme tout gentilhomme. Je revoyais de la bête. Allez, mes bellots ! Je battis le fourré... Belle dame, il y a trois cachettes dans l'hôtel de M. de Paulmy. Vous savez, il n'y a rien de si bien imaginé que les cachettes pour se faire prendre... L'une de ces cachettes, celle où M. de Blancmesnil avait coutume de se mettre, chaque fois qu'il avait prononcé un discours contre M. le prince de Condé, était murée, ma foi ! C'est celle du milieu, qui doit toucher à votre prie-Dieu, si mes calculs topographiques ont la moindre valeur. Or je suis un peu géomètre, et même un tantinet architecte : dans la profession, vous comprenez, il nous faut tout savoir.

— Mais quelle profession, à la fin ! s'écria la Cavalière beaucoup plus impatiente qu'effrayée.

L'inconnu parut molesté.

— Mais... dit-il, voleur, belle dame ! Est-ce que vous m'aviez soupçonné d'être autre chose ?

— Voleur ! répéta lady Stuart, qui eut presque envie de rire, tant elle avait cavé à plus terrible réponse.

— Belle dame, je croyais... j'espérais que vraiment, vous m'aviez fait l'honneur de me reconnaître ; vous aviez prononcé, et du premier coup encore, le nom de Cartouche. Cela m'avait flatté.

— Cartouche ! répéta pour la seconde fois la Cavalière, dont les beaux yeux s'ouvrirent tout grands.

— A la bonne heure ! à la bonne heure ! dit l'étranger avec bonté. Voilà que vous me considérez comme il faut, j'en vaux la peine. Oui, belle dame, vous vous trouvez en présence de Louis-Dominique Cartouche, qui passe pour avoir relevé assez haut l'état de voleur, fort décrié avant lui. Il n'y a pas de sot métier, que diable ! Et vous avez ouï parler, je le gage, de ma complète loyauté en affaires.

La Cavalière garda le silence ; elle semblait songer.

— Me serait-il permis de vous demander à quoi pense

Votre Grâce? interrogea le bandit, qui ne se départait point de sa courtoisie aisée et tout à fait bienveillante.

Il vous eût rappelé, avec plus de bonhomie, l'air protecteur de monseigneur le régent. Comme lady Stuart ne répondait point, il reprit, fronçant légèrement le sourcil.

— Je vais donc parler à votre place, et vous conviendrez qu'il n'y a pas de ma faute, si vous me faites jouer le rôle de bavard. Vous pensez que le fameux Cartouche est en votre pouvoir, à supposer que ses vingt-cinq hommes soient une fantasmagorie, et que si vous livriez cette proie à M. d'Argenson...

La Cavalière posa sur lui ses yeux perçants et froids. Il se leva.

— Belle dame, dit-il, les chats et les filles d'Ève ont les nerfs dangereux : Je crains les uns et les autres. Je n'ai pas vingt-cinq hommes au dehors, je n'ai que mon médecin, qui m'attend dans mon carrosse, car je suis malade, et tant parler me fatigue extrêmement. Vous avez, vous, au salon une demi-douzaine de bons serviteurs, et plus près, ici même, (il montrait la chambre des Coëtlogon) deux vaillantes épées, fidèles jusqu'à la mort. Vous voyez que je suis suffisamment informé. Eh bien ! belle dame, je ne vous dis plus que deux mots : si je sors d'ici mécontent, dans deux heures le roi sera entre les mains du comte Stair !

— Et si vous n'en sortez pas? prononça tout bas la Cavalière.

— Le dénoûment sera avancé d'une heure, répliqua froidement Cartouche. Voilà tout.

Lady Stuart rougit et dit :

— Alors restez et parlez.

— Pour rester, belle dame, et pour parler, répliqua Cartouche, qui reprit aussitôt son sourire, j'ai besoin d'une petite assurance contre ces mouvements nerveux que tous les physiologistes attribuent à votre sexe enchanteur. J'ai fait d'assez bonnes études à Louis-le-Grand, et cela m'est bien utile dans ma carrière difficile. Voulez-vous bien me permettre de pousser les verrous de ces portes?

Joignant le geste à la parole, il ferma, sans bruit aucun et avec une incroyable prestesse, les verrous des portes qui étaient de son côté. Lady Stuart fit de même pour la troisième.

Cartouche la remercia d'un signe de tête aimable, et lui montrant une paire de ciseaux sur le guéridon, il ajouta :

— Je serais parfaitement rassuré si vous poussiez l'obligeance jusqu'à couper les cordons de vos sonnettes... Vous hésitez? je comprends cela. Laissons donc les sonnettes, et asseyons-nous, s'il vous plaît.

Cette fois, lady Stuart obéit à l'invitation, faite d'un ton péremptoire. Elle prit le fauteuil; il s'assit de nouveau sur la chaise, qu'il rapprocha, et tous deux se trouvèrent vis-à-vis l'un de l'autre, dans la position d'une paire d'amis qui vont entamer une causerie intime.

— A vous, monsieur Cartouche, dit la Cavalière, qui, malgré elle, souriait.

M. Cartouche ne put s'empêcher de prendre une pose avantageuse et secoua élégamment son jabot, qui était de fort beau point de Malines.

— Voici le cas, commença-t-il. Nous avons dans Paris un certain débutant qui a nom Piètre Gadoche et qui a couru le monde : tantôt comédien, tantôt détrousseur de passants : un garçon de talent, au demeurant, et qui me fait du tort.

La Cavalière écoutait très attentivement.

— C'était lui qui menait l'expédition contre nous en Lorraine? dit-elle.

— Juste ! Et si j'avais été chargé de cela... Mais on me connaît : Je suis Français, je n'aime ni les Anglais, ni leur roi George, dont la conduite, en toute circonstance, a mérité, de ma part, un blâme très sévère. Mylord ambassadeur n'aurait pas osé s'adresser à moi... Pour en revenir à ce Piètre Gadoche, il m'ennuie, ce garçon, il m'agace !

— Vous êtes jaloux de lui, monsieur Cartouche?

— Oh ! jaloux ! repartit l'illustre bandit avec dignité : le mot est peut-être mal choisi. Je ne suppose pas qu'on puisse comparer... Et pourtant, il a du talent, de la réputation... Bref il m'ennuie, et je ne cache pas à Votre Grâce que mon caprice est de lui jouer quelque bon tour. Or, comme votre Grâce le sait encore mieux que moi, il est l'instrument du traitant Boër, qui est l'outil de mylord ambassadeur, qui est la main du roi George.

— Oui, dit la Cavalière, je sais cela. Après?

— Après, belle dame? Les bons tours que je joue ne sont jamais gratis. J'ai une nombreuse famille qui vit de mon industrie. J'espère ne pas vous étonner en vous disant qu'il y a là aussi une affaire d'argent.

— Vous ne m'étonnez pas, monsieur Cartouche.

— Je suis venu proposer à votre Grâce de faire sortir le chevalier de Saint-George de Paris et de le conduire sain et sauf jusqu'à Saint-Germain.

— Pourquoi pas plus loin?

— Parce que Paris est à moi, comme j'appartiens à Paris. Des terrasses de Saint-Germain on aperçoit encore les clochers de Paris. J'ai fait serment de ne jamais les perdre de vue.

La Cavalière le regarda d'un air pensif :

— Monsieur Cartouche, dit-elle sérieusement cette fois, vous passez en effet pour un homme qui remplit loyalement ses promesses.

— C'est la base du métier, belle dame. Les actes par devant notaires nous étant défendus, nous ne pouvons mentir comme les honnêtes gens.

— Quelle somme demandez-vous? Nous sommes pauvres.

L'œil de Cartouche était fixé sur la main de la Cavalière.

— Voici un diamant, dit-il, du prix de dix-neuf mille livres, sans la monture, sortant de chez Vincent Rillet, le lapidaire de la cour. S'il ne vous répugne pas de vous défaire d'un don qui vient de Son Altesse royale, je me contenterai de ce diamant.

Lady Stuart ôta la bague de son doigt et la déposa sur la table.

Le souvenir des dernières paroles échangées entre elle et le régent la fit sourire. Elle était femme d'aventures, il faut bien se souvenir de cela, et lancée dans une entreprise qui présentait, contre une chance de succès, quatre-vingt-dix-neuf chances de perte. Elle avait dit à Philippe d'Orléans : « Cette bague paiera peut-être la couronne d'un roi... »

Cependant le diamant, déposé sur le guéridon, n'était pas encore dans les mains de Cartouche. Elle avait voulu montrer seulement qu'aucune attache particulière ne la retenait à ce joyau.

— Ce n'est pas cela qui me répugne, murmura-t-elle.

— J'entends bien, repartit le bandit avec une fierté mélancolique. Ce qui vous répugne, madame, c'est de vous confier à Cartouche.

Il tira de son doigt, à son tour, une bague également ornée d'un diamant, et, sans quitter son siège, il la plaça à côté de l'anneau donné par le régent. Ainsi posées qu'elles étaient tout près l'une de l'autre, il était aisé de faire la comparaison entre les deux bagues. Le solitaire de Cartouche, plus gros, plus brillant, plus parfait, valait deux fois le diamant de Philippe d'Orléans.

— Que faites-vous? demanda la Cavalière étonnée.

— Je veux jouer un bon tour à ce coquinet de Piètre Gadoche, répondit Cartouche le plus simplement du monde, et je fais ce qu'il faut pour ne point manquer mon affaire. J'ajoute cette garantie à la confiance que Votre Grâce peut avoir en moi. Non seulement je ne lui demande rien d'avance, mais je laisse en gage mon diamant, qui vaut trente-deux mille cinq cent livres, également sans la monture... Votre Grâce me remettra les deux objets à Saint-Germain-en-Laye, quand j'aurai conduit le chevalier de Saint-Georges entre les bras de la reine sa mère.

Lady Stuart fut positivement impressionnée.

— On se sert bien de bandits contre nous ! pensa-t-elle tout haut.

Cartouche salua.

— Ajoutez, dit-il, qu'à moins d'accepter mon moyen ou de fabriquer une paire d'ailes à la manière d'Icare, le chevalier de Saint-Georges est prisonnier à vie dans sa cachette de Paris... Sans compter qu'une fois hors de cet hôtel, je reprends ma liberté de faire affaire avec M. le lieutenant de police.

— Votre moyen, murmura la Cavalière, quel est-il?

— Mon habitude n'est pas de raconter ainsi mes petits projets, répliqua Cartouche; chaque officine a ses secrets. Mais il est bien difficile de résister à un ordre de Votre Grâce, et puis je veux jouer mon bon tour à Gadoche... à tout prix, jarnibleu ! il m'ennuie ! Voici donc mon plan; il est tout simplement ingénieux, facile, charmant comme tous mes plans. Veuillez me bien suivre : Le régiment de Conti-Dragons, qui tenait garnison à Saint-Germain, revient à Paris et est remplacé par Royal-Auvergne-Cavalerie. Deux ou trois détachements font le lacet chaque nuit, d'une ville à l'autre. J'ai imaginé de faire escorter le chevalier de Saint-Georges par un détachement de Royal-Auvergne-Cavalerie.

— Et comment cela?

— En prenant dans nos magasins deux ou trois douzaines

d'uniformes appartenant à ce beau régiment. Je sais le nom
des officiers partis et celui des officiers qui restent. Le chevalier sera mené par M. le marquis de Crillon, capitaine de la
troisième compagnie du second escadron : un beau soldat, dont
je peux bien, ce me semble, jouer le personnage au naturel :
C'est moi qui serai, pour cette fois, M. de Crillon.

Il se leva développant avec fierté les avantages de sa taille
remarquablement proportionnée.

— Est-ce dit? demanda-t-il en souriant.

Et comme lady Stuart hésitait, il ajouta sèchement.

— Ou bien faut-il reprendre ma bague et ma liberté?

— Que Dieu me protège! murmura la Cavalière. Je suis
seule et je suis femme, il ne m'est pas permis de demander
conseil...

— Vous êtes reine! murmura Cartouche.

Elle pâlit et, malgré elle, son regard s'attrista.

— Le sort en est jeté, dit-elle d'une voix ferme. La mort
est partout sur ce chemin qui mène au trône : la mort et les
larmes! ajouta-t-elle pendant que ses beaux yeux se mouil-
laient. Le roi, rien que le roi! il faut que le roi aille en Angleterre!... J'accepte.

Cartouche s'inclina profondément.

— Madame, dit-il, à dix heures de nuit le détachement de
Royal-Auvergne passera devant la porte cochère de votre
hôtel, venant de sa caserne au quartier Saint-Paul, pour gagner
la route de Saint-Germain par le bord de l'eau. Vous recevrez
d'ici là trois uniformes : un pour le chevalier de Saint-Georges,
deux pour ceux de vos serviteurs que désignera votre choix...
A ce soir et bon courage! Demain, vous aurez accompli la
plus rude des étapes qui vous séparent encore du palais de
White Hall!

Il sortit. La Cavalière entra dans la chambre des Coëtlogon
et leur dit :

— Soyez prêts. Cette nuit encore, vous allez risquer votre
vie pour le roi.

— Je suis prêt, répliqua René. Mon frère, cependant, est
bien faible...

Mais Yves se dressa sur son lit, et, pâle qu'il était, il dit
avec force :

— Je suis prêt!

Cartouche était remonté dans son carrosse. Il n'avait point menti : un seul compagnon l'y attendait. C'était bien son médecin, et nous connaissons ce médecin pour l'avoir vu à la Hutte-aux-Fouteaux, dans la forêt de Béhonne, cette nuit où le bonhomme Olivat fut assassiné par Piètre Gadoche à l'auberge du Lion-d'Or.

Le médecin de Cartouche se trouvait donc être aussi le médecin de Piètre Gadoche : le docteur-bandit Saunier. C'était une bizarre coïncidence.

— As-tu été chez mein herr Boër? lui demanda Cartouche.

— Oui, et j'ai le brevet, répondit Saunier. Le brevet est au nom de la grande Hélène. Patron, où diable allez-vous encore vous mêler des affaires de ces gens-là?

A ce moment précis, les traits de Cartouche se détendirent et ce fut Gadoche en personne qui répondit :

— J'en ai fini avec le rôle de ce bélître. J'ai bien joué mon Cartouche, oui ! au naturel ! J'ai été fat, suffisant, épais, enflé de mon prétendu mérite. J'ai dit du mal de Gadoche... et grâce à cela, nous aurons demain le Stuart à Saint-Germain.

Je ne sais vraiment pourquoi on l'avait sifflé comme comédien autrefois !

— Patron, demanda le docteur, si vous savez où est le Stuart à Paris, pourquoi ne pas expédier l'affaire tout de suite? Vous avec mauvaise figure, je dois vous confesser cela, et vous seriez mieux dans votre lit qu'à courir la pretentaine.

Il lui tâta le pouls. L'autre répliqua :

— Je ne termine pas l'affaire à Paris, parce que je veux battre la prime et la faire mousser comme une omelette soufflée, si bel et si bien que le Hollandais rende gorge entre mes mains. J'aurai accompli toute la besogne, je veux tout le bénéfice. Après quoi je me marierai dans le but de vivre en bon gentilhomme.

— Ce sera le treizain, patron, en comptant Saint-Eustache pour la douzaine... Vous avez cent quinze de pouls à la minute, et c'est une jolie fièvre.

D'un brusque coup de main, le faux Cartouche arracha sa perruque. Il était livide sous son fard, et ses yeux fatigués s'injectaient de sang.

— Je souffre comme un damné, gronda-t-il. Est-ce que

tu crois, toi, Saunier, qu'il y a un venin mortel sous les ongles des mourants?

Le médecin haussa les épaules, mais son regard disait oui.

— La blessure ne se ferme pas, poursuivit Gadoche. Je souffre autant, je souffre plus que le premier jour. Il me semble toujours que ces doigts crispés sont dans ma chair... Tu parles de repos ! mon lit est comme un enfer !

— Il en faut pourtant, patron, ou je ne réponds de rien !

Le carrosse roulait dans la rue Saint-Honoré. Gadoche se pencha hors de la portière et cria au cocher :

— A Saint-Lazare ! hors de la porte Saint-Denis !

Il referma la portière.

— J'ai froid ! murmura-t-il en frissonnant. Le cœur me manque.

— Écoute ! reprit-il, soigne-moi bien ! Je vaux beaucoup d'argent ; j'en vaudrai dix fois plus après-demain. C'est après-demain... à Nonancourt. Fais que je tienne droit jusque-là ; après, je me reposerai, et tu seras riche.

Ses paroles tombaient saccadées.

— D'où viendrait ce venin? murmura-t-il. C'est comme une morsure vive et continuelle... Ah ! ah ! Cartouche ne pourrait pas travailler avec cela ! Voyons ! aide-moi à faire ma toilette ; tu me panseras ce soir. Il faut maintenant que je sois M. Ledoux, l'ancien collecteur des gabelles, et que j'aille faire ma paix avec Hélène Olivat, mon avant-dernière fiancée... une rude fille, entends-tu? qui aime l'argent, qui a des charges et qui croquera le Stuart comme un poulet !

XVIII

A quelque cent pas de la porte Saint-Denis, qui terminait
naguère Paris du côté du nord, mais au delà de laquelle la
grande ville s'épandait déjà de toutes parts, une sorte de village
bornait la rue ou la route, comme vous voudrez l'appeler, à
droite du couvent de Saint-Lazare. On appelait cela « les
Vinaigriers ». C'était une agglomération de masures qui redes-
cendait à travers champs jusqu'au village de Popincourt, en
coupant le bas de la Villette.

Au-devant de plusieurs de ces masures, un écriteau disait :
« Ici on loge à la semaine ». D'autres étaient de véritables
fermes ou vacheries; d'autres enfin, plus grandes et situées
sur le cours du ruisseau de Ménilmontant, dont les eaux
troubles coulaient alors à ciel découvert, exerçaient une industrie uniforme, la fabrication du savon. Un peu plus au nord-
est et sur la colline, le couvent des moines récollets étageait
ses vastes bâtiments.

Il était cinq heures du soir, à peu près, et la nuit se faisait.
Le temps doux et lourd avait des souffles d'orage. Aux Vinaigriers, il n'y avait point, bien entendu, de réverbères, et les
ruelles confuses qui sillonnaient en tous sens cet amas de
bicoques étaient déjà désertes.

Nous nous arrêterons devant une de ces masures, la première en quittant la grande route de Saint-Denis, et l'une des
plus propres assurément. Elle était adossée à un petit jardinet,
entouré d'une haie de troënes, et sa lanterne de toile gommée,
qui criait, à l'instar de bien d'autres : « On loge à la semaine »,
éclairait quelques toises du chemin défoncé.

Le long de la haie de troënes, on entendait deux voix qui causaient; mais le regard du passant n'aurait pu découvrir les interlocuteurs, qui étaient en dedans du jardin, et se tenaient sous une sorte de berceau où les longues tiges dépouillées de la vigne s'entrelaçaient dans les lattes d'un treillage vermoulu. Il y avait là un jeune homme et une jeune fille.

— Elle est triste jusqu'à mourir, disait la jeune fille. La mort du père lui a fait un trop grand vide dans le cœur, et puis...

Elle s'arrêta, comme si elle n'eût osé poursuivre.

— Et puis elle est bien pauvre, n'est-ce pas? reprit le jeune homme.

— C'est vrai, elle est bien pauvre. Je ne sais comment vous dire cela, monsieur Raoul; la pauvreté lui ôte sa chère bonté : elle est tantôt rude, tantôt trop humble, comme si elle avait grande honte de n'avoir plus d'argent. Elle n'était pas avare, mon Dieu ! bien au contraire, car je n'ai jamais vécu que de sa générosité; mais elle aime l'argent.

— Et vous ne voulez pas que je vienne à l'aide de cette bonne fille qui vous a servi de mère, Mariole?

— Non, monsieur Raoul, ma grande sœur Hélène a bien défiance, et si elle savait ce que vous m'avez promis, elle ne me garderait pas avec elle... Elle disait hier soir : « celui-là, je voudrais bien voir son bras ! »

— Voir son bras ! répéta Raoul étonné.

— Oui. Ce n'est pas que sa tête soit partie. Elle a son idée, allez ! Vous savez bien les deux hommes qui étaient avec vous : le boiteux et l'autre?

— Rogue et Salva, les misérables !

— Eh bien ! elle les a cherchés dans Paris, elle-même, de cabaret en cabaret. Elle les a trouvés... elle a vu leurs bras !

— Leurs bras ! répéta encore Raoul. Pourquoi leurs bras?

— C'est un secret, monsieur Raoul, et je ne peux pas vous le dire !

— Alors, laissons cela, je suis venu pour vous apprendre une grande nouvelle : une idée que j'ai, moi aussi. Ce que j'ai promis sera tenu, quoique vous ayez deviné juste : mon père est un grand seigneur, et il y a bien de l'orgueil, un légitime orgueil, entendez-vous, dans la maison de mes aïeux. Mais j'ai trouvé le moyen d'arranger toutes choses, et vous viendrez bientôt vous asseoir dans le salon où mes respectés parents souhaitent une bru digne d'eux.

— Est-ce possible ! murmura la fillette, moi qui n'ai point de père... point de nom !

— Mariole, je suis en train de vous acheter un père et de vous conquérir un nom !

Elle soupira et secoua la tête tristement.

— Ne doutez pas, Mariole, dit Raoul avec quelque impatience. Il y a des choses que vous ne pouvez pas comprendre. Vous devriez croire en moi, sans que j'aie besoin de vous expliquer rien puisque vous êtes ma vie et mon cœur...

— Je crois que vous êtes sincère, mais que vous avez de folles espérances.

— Je veux vous dire mon espoir et vous le faire comprendre. Écoutez-moi. Je suis entré cet hiver dans une vaste et dangereuse entreprise, où ne me poussait ni l'intérêt ni l'ambition. Vous m'avez vu à l'œuvre, là-bas, quand vous étiez encore au Lion-d'Or. Ce n'est pas pour me rapprocher de vous que j'avais pris ce déguisement de braconnier. Je travaillais avec courage, risquant ma vie comme il le faut, quand on l'a vouée à une œuvre noble et bonne. Mes maîtres sont contents de moi; ils espèrent en moi, je leur suis nécessaire. Mariole, je ne vous dis rien qui ne soit l'exacte vérité. Il y a beaucoup de grands seigneurs là dedans; il y en a un qui est vieux et qui n'a pas d'enfants. Il ne m'aimait pas tout d'abord, parce que je veux la guerre et qu'il voulait la paix; mais je me suis approché de lui peu à peu, et il m'appelle son fils maintenant. Mariole, quand j'aurai mené le roi dans son royaume, je réclamerai ma récompense : D'autres pourront demander des richesses, des honneurs; moi, je dirai au vieux Douglas, après avoir mis le roi de mon côté : « Si je suis votre fils, comme vous le dites, ma femme est votre fille. Adoptez ma femme, pour payer la dette du roi et me faire heureux ». Alors je reviendrai, Mariole, et je mènerai à mon père, à mon vrai père au château de Combourg, la plus chère créature qui soit ici-bas, et je lui dirai : « Monsieur mon père, bénissez vos enfants; ma fiancée a nom Marie Douglas de Glenbervie; elle est cousine du roi Jacques III d'Angleterre, qui sera le parrain de notre premier-né. »

Quand il s'arrêta, il entendit Mariole qui pleurait. Mais elle souriait aussi dans ses larmes.

— Voilà mon idée... voulut conclure le jeune vicomte.
Mais elle l'interrompit.

— Chut ! fit-elle, écoutez !

— Le roulement d'un carrosse sonnait sur la route déserte.

— Les carrosses ne s'arrêtent pas ici, dit Raoul.

Le carrosse s'était pourtant arrêté au bas de la montée, à l'endroit où finissait la foire Saint-Laurent, et des pas d'hommes remplaçaient maintenant le bruit des roues. Mariole avait quelque chose sur le cœur et semblait hésiter.

— Raoul, dit-elle tout à coup, voulez-vous me montrer votre bras?

Il resta bouche béante, c'était la troisième fois que cette étrange idée revenait à la traverse de l'entretien.

— Ne voyez-vous pas mon bras, Mariole, répondit-il.

— Sans pourpoint dit-elle, et je m'en irai tranquille.

Raoul dépouilla la manche de son pourpoint. Un rayon de lune perçait le treillage.

— La chemise est toute blanche ! dit-elle en posant sa petite main sur son cœur qui battait. Je savais bien ! oh ! je savais bien !

— M'expliquerez-vous?... commença Raoul.

Au lieu de répondre, et certes, il la crut folle, elle saisit son bras gauche à deux mains, un peu au-dessous de l'épaule, et le serra fortement. Pour le coup, Raoul se mit à rire.

— Je savais bien ! je savais bien ! dit-elle encore en sautant de joie.

Les pas approchaient et longeaient la haie de troënes. Elle dit :

— Raoul, je vous remercie et je crois en vous !

Puis elle s'enfuit, leste comme un oiseau.

Raoul resta tout ébahi. Quand les pas eurent tourné le coin de la haie, il sauta sur la route, et, montant son cheval, attaché dans l'ombre à quelques pas, il prit au galop le chemin de l'hôtel de Lauzan, où se faisaient les préparatifs du départ nocturne, et où l'on était grandement inquiet de lui.

Mariole rentra dans la maisonnette et regagna sa petite chambre, où bientôt on aurait pu entendre la chanson de son cœur content. Il n'y avait qu'une fenêtre éclairée dans cette masure où on louait à la semaine; et c'était à tâtons que notre Mariole chantait.

La fer. tre éclairée appartenait au réduit de la demoiselle Hélène : un trou étroit. Les quatre petits et la tante Catherine dormaient déjà dans la seule pièce qui pût mériter le nom de chambre. La grande Hélène portait toutes ses charges avec elle. Nicaise l'a dit devant nous à l'épouse Boër qui ne s'en souciait point : Hélène avait quitté la Lorraine dans un état de détresse complète. Piètre Gadoche n'avait pas laissé un sou d... , la maison, car le bonhomme gardait tout l'argent dans sa paillasse. On lui demandait d'ordinaire, livre par livre, tout ce qu'il fallait pour la dépense courante. Comme l'idée de payer lui faisait horreur, il restait devoir un assez long terme de loyer, et au moment de la catastrophe, les meubles avaient été vendus pour solder cet arriéré.

Hélène était venue à Paris sur une lettre de M. Ledoux. Il ne faut point que le lecteur s'étonne. Nous parlons ici de gens de la campagne qui ont, certes, d'excellentes qualités, mais à la campagne, si bel et si bien chantée par les poètes, un mariage est strictement une affaire de livres, sous et deniers. Il n'y a pas de méchante plaisanterie qui mente plus effrontément que le roman berger.

On ne devient pas une paire d'ennemis mortels, à la foire, pour ne s'être point accordé sur le prix d'une vache. Le mariage, malgré son institution divine, est une affaire aussi qui se peut rompre sans engendrer la haine, — à la campagne.

La grande Hélène avait le cœur haut, nous l'avons vu, nous le verrons encore, mais non pas haut à la façon des personnages de tragédie. Elle était de la campagne et surtout fille de son père; elle aimait, elle respectait l'argent.

La conduite de M. Ledoux, reculant devant la ruine qui était tombée sur elle, lui avait fait un réel chagrin, mais ne l'avait pas autrement étonnée. Et encore, M. Ledoux y avait mis des formes. Hélène connaissait plus d'un honnête homme, entre Béhonne et Bar-le-Duc, qui eût pris d'elle un congé plus brutal.

Non seulement donc les relations ultérieures entre elle et M. Ledoux, son ancien promis, n'étaient pas impossibles, mais encore elles étaient naturelles. M. Ledoux s'intéressait à elle et lui donnait des conseils qu'elle recevait comme si de rien n'eût été. La chose étonnante, au contraire, c'est qu'elle eût refusé le léger secours d'argent proposé par M. Ledoux. Elle ne l'avait point revu depuis la catastrophe.

Dans cette pauvre retraite dont la fenêtre éclairée brillait seule au dehors, Hélène, habillée d'une robe de toile teinte en noir, était assise sur un tabouret de paille, auprès de l'âtre sans feu. Elle semblait être fort abattue et ne regardait point Nicaise, qui, debout devant elle, tournait son toquet neuf entre ses doigts désolés.

— J'ai tout de même r'eu le parapluie, demoiselle, dit-il en manière de consolation.

Car il venait de raconter l'histoire de sa tentative infructueuse auprès de l'épouse Boër. Et Dieu sait quelle description fantastique il avait faite de la bonne dame.

— Oui bien, reprit-il, elle me donnait à boire et elle aurait voulu que je lui aurais chanté des chansons comme quoi je la trouvais pimpante et agréable ! As-tu fini, la comtesse ! moi qui n'aime au monde que...

Il se lança au travers du visage son coup de poing d'habitude et ajouta :

— Ah ! demoiselle, j'ai été bien près de dire une bêtise.

— Alors, murmura Hélène accablée, M. Ledoux t'avait promis ce brevet de maîtresse de poste à Nonancourt?

— Oui, demoiselle.

— Et on te l'a refusé?

— Tout net, demoiselle, mais j'avais oublié de vous dire que M. Ledoux est là, installé dans cet hôtel tout reluisant, et qu'on l'appelle M. le marquis... C'est louche, ça !

— Oui, dit Hélène, qui se parlait à elle-même; Il y a bien des choses que je ne comprends pas là dedans !

— En plus, poursuivit l'ancien fatout, j'ai rencontré le gars Bréhaut, de Béhonne, qui était à vos noces...

— Mes noces ! répéta Hélène d'un ton de reproche.

— Pardon, excuse... Enfin il y était. Et je me suis approché de lui tout doucement... et je lui ai pincé le gras du bras gauche...

— Est-ce que tu aurais des soupçons? s'écria vivement Hélène.

— Non fait, demoiselle, mais on aime bien voir. Ça l'a tout de même bien diverti la grosse Hollandaise, là-bas, quand je lui ai dit que vous tâtiez les bras... et puis moi aussi... Ah ! dame ! pour avoir du joli vin blanc, ça y est ! Elle a du joli vin blanc !

La tête d'Hélène était retombée sur sa poitrine.

— Nous n'avons plus rien, pensa-t-elle tout haut, rien ! Je suis sortie, moi aussi. Pourquoi? Est-ce que je le sais? On espère toujours. J'ai vu de loin le carrosse de cette jeune dame si belle qu'on appelle lady Mary, de cet ange plutôt qui nous a secourus. Sans elle, les petits seraient morts de faim, Nicaise, et Mariole...

— Elle chante, celle-là ! interrompit le fatout.

— Laisse-la chanter, la pauvre chère enfant !

— La dame vous a-t-elle donné quelque chose, hein, demoiselle?

Un rouge violent remplaça la pâleur sur le visage amaigri de la grande Hélène.

— Me prends-tu pour une mendiante? demanda-t-elle.

— Oh ! demoiselle ! vous ! une mendiante !

— Tais-toi ! Non, elle ne m'a rien donné. Elle ne m'a pas vue; seulement je sais où elle demeure : c'est à l'hôtel de Lauzan, le long de l'eau...

— On pourra aller ! s'écria Nicaise.

— Jamais ! Elle nous a sans doute oubliés.

Il y eut un silence. Les petits toussèrent de l'autre côté de la cloison. Hélène dit :

— Ils ont froid !

Puis, d'une voix assourdie par le désespoir, elle ajouta :

— Demain ils auront faim !

— Oh ! se reprit-elle en frissonnant de la tête aux pieds, si Mariole avait faim !

Elle regarda le fatout en face et lui demanda avec folie :

— Mais réponds donc, toi ! Qu'est-ce que je peux vendre? qu'est-ce que je peux faire?

— Dame ! grommela Nicaise de bonne foi, il y a toujours le parapluie que j'ai r'eu... et mon toquet : on peut les vendre.

Hélène n'entendit pas.

— J'ai ouï dire, reprit-elle d'un air sombre, qu'il y a des endroits où l'on place les servantes.

— C'est vrai, ça répliqua Nicaise; la Poupette ferait une mignonne fille de chambre, oui bien !

Hélène lui lança un coup d'œil courroucé.

— Ce n'est pas elle qui sera servante, tant que je vivrai, dit-elle, c'est moi !

— Vous, demoiselle ! servante ! s'écria le fatout, qui recula de trois pas. Jarnicoton ! servante, vous ! ça ne se peut pas ! En tout ni en rien, ça ne se peut pas ! J'aimerais mieux me vendre soldat, tenez j'aimerais mieux...

— Soldat ! dit Hélène avec pitié. Toi, mon pauvre Nicaise !

Il se redressa de son haut.

— Je n'ai donc pas la taille? dit-il.

Hélène le regarda peut-être pour la première fois de sa vie et pensa tout haut :

— Tiens ! te voilà un homme, Nicaise !

— Oh ! oui, que je suis un homme, répéta-t-il les larmes aux yeux, et que j'en ai les avantages et les malheurs, demoiselle ! Si vous saviez...

Elle l'interrompit pour dire :

— Tu n'es pas bien brave, fatout.

— Une poule mouillée, quoi ! pas vrai, demoiselle? Vous croyez ça... Eh bien ! vous vous trompez ! Depuis la nuit où j'ai vu les serpents, les esprits et les loups dans la forêt, le mouillé s'est séché, quoi ! Et la poule a passé coq, trédà ! Aussi vrai comme je vous le dis. Je voudrais qu'il vienne un grand danger, un mâle de danger, pour vous faire voir un petit peu...

On frappa trois coups en bas, à la porte extérieure.

— Va ouvrir, dit Hélène.

— Tout seul, demoiselle? demanda le Fatout, dont la voix trembla.

Hélène se leva en souriant; mais il avait raison au fond, la bonne âme : en lui, la poule passait coq tout doucement. Il s'élança au-devant de la demoiselle et descendit l'escalier quatre à quatre. L'instant d'après, il reparaissait à la porte, disant :

— Ce n'est que M. Ledoux !

L'émotion mit de la rougeur au front de la pauvre Hélène, quand elle vit entrer son ancien promis, calme et débonnaire comme autrefois.

— Bonjour, demoiselle, dit-il de ce même ton qu'il avait pris pour l'aborder le soir des fiançailles. Vous êtes-vous toujours bien portée depuis le temps? Moi, pas trop mal, merci. Je viens pour causer un petit peu de nos affaires... Va voir là-bas si j'y suis, bonhomme !

Ceci s'adressait à Nicaise.

— Faut-il m'en aller, demoiselle? demanda-t-il.

Hélène lui montra la porte du doigt. Il sortit en grommelant quelque chose qui n'était pas à l'avantage de M. Ledoux.

M. Ledoux était pâle, maigri et défait de visage. Hélène remarqua cela. Par une préoccupation qui était plus forte que sa raison même, elle chercha du regard le bras gauche de l'ancien collecteur. Certes, elle n'avait pourtant aucun soupçon à son endroit. M. Ledoux avait, outre son pourpoint, un manteau court, sous lequel ses deux bras disparaissaient. Hélène lui présenta un siège, M. Ledoux s'assit et regarda tout autour de lui, mais il ne fit aucune observation sur l'extrème pauvreté de la chambre. Ce fut Hélène qui dit :

— Je me suis logée comme j'ai pu.

— Cela importe peu, demoiselle, repartit l'ancien collecteur avec bonté. Vous n'êtes pas pour rester longtemps ici.

— Vous vous êtes donc vraiment occupé de nous, monsieur Ledoux? dit-elle d'un ton où perçait déjà sa reconnaissance.

— Je n'ai fait que cela, demoiselle, et si vous ne m'avez pas vu plus tôt, c'est que tous les loisirs à moi laissés par une grande affaire, une très grande affaire, vous ont été consacrés. Je suis content de voir que vous êtes venue à Paris, selon mes conseils.

— Je savais, répondit-elle, que les gens du chevalier de Saint-Georges étaient à Paris. Je suis venue à Paris chercher l'assassin de mon père.

Les yeux de M. Ledoux se détournèrent d'elle avec malaise, tandis qu'il répliquait :

— C'est bien... quoique la vengeance soit viande creuse, en définitive, demoiselle. Le plus pressé est de vous refaire une position.

— Je veux venger mon père, dit Hélène d'un ton morne. C'est mon idée! L'homme qui a tué mon père mourra par la main du bourreau, j'ai promis cela, au lit de sa mort. Je le tiendrai, soyez tranquille.

— A votre volonté, demoiselle. Écoutez-moi, je vous prie, sans m'interrompre; mes moments sont comptés ce soir, comme toujours. J'avais un but, vous le pensez bien, en vous engageant à venir à Paris. J'occupe à Paris une position dont je ne peux pas vous dire ici le secret, mais qui me donne du crédit et de l'influence auprès de gens très puissants. J'ai songé à vous tout de suite. Je n'ai point mal fait, entendez-vous, en rompant notre mariage, car il n'y a dans les marchés que ce qu'on y met, et vous ne pouviez plus me compter la somme promise; mais, si j'en juge par le chagrin que j'ai eu, je vous dois, en bonne justice, un dédommagement pour la peine involontaire que je vous ai causée.

— Une grande peine, monsieur Ledoux, prononça Hélène d'une voix qui était presque aussi douce que celle de notre Mariole.

Elle ajouta tout bas.

— Est-ce donc vrai que vous avez eu aussi de la peine, monsieur Ledoux?

— C'est vrai, répliqua simplement celui-ci. J'ai sacrifié mon cœur à mes intérêts, qui devenaient justement plus importants à cause de cette riche affaire dont je vous ai parlé, et qui commençait déjà à Bar-le-Duc...

— Souffrez-vous, monsieur Ledoux? interrogea Hélène. Je vous trouve plus changé à mesure que je vous regarde mieux.

— Des fièvres que j'ai eues, demoiselle, répliqua l'ancien collecteur. Je vous avais prié de ne point m'interrompre.

— Je ne vous interromprai plus, monsieur Ledoux.

Il se recueillit un instant et reprit.

— J'ai obtenu aujourd'hui pour vous le brevet de maîtresse de poste de Nonancourt, bonne petite ville de Normandie, entre Dreux et Évreux.

Hélène joignit les mains sans parler.

— Il y a, poursuivit M. Ledoux, une auberge jointe à la poste, et vous pourrez vivre là bien doucement, en mettant de l'argent de côté.

— Est-il possible? murmura Hélène, qui n'osait interrompre, et pourtant ajouta : On m'avait refusé ce brevet!

— J'ai fait le nécessaire, demoiselle. J'ai parlé haut. Je vous l'apporte.

Il entr'ouvrit son pourpoint sous son manteau et lui tendit le brevet, qu'Hélène baisa. Elle était, la pauvre grande fille, amoindrie et battue par la misère.

— Pour entrer en fonctions, demoiselle, continua M. Ledoux

d'un ton presque paternel, et pour faire valoir l'auberge, il vous
faut quelque argent d'avance. Vous m'avez refusé naguère,
parce que vous aviez de la rancune.

— Je n'ai plus de rancune contre vous, mon bienfaiteur !
s'écria Hélène, dont un sanglot souleva la poitrine.

M. Ledoux déposa sur le coin de la cheminée un rouleau de
pistoles. Hélène voulut lui saisir la main, car sa reconnaissance
était violente comme sa nature même : c'était la main gauche.
M. Ledoux étouffa un cri et devint livide.

Mais il était fort, lui aussi. Quoique une douleur horrible
remontât de son bras jusqu'à son cœur, il ne retira pas sa
main.

— J'ai un peu de goutte aux doigts, dit-il, et vous m'avez
fait mal, demoiselle.

Le soupçon n'eut pas le temps de naître. M. Ledoux ajouta
en effet tout de suite :

— Il vous faudra des chevaux, des fourrages et quelques
attelages peut-être. Veillez bien au choix de vos postillons :
prenez-les forts et sûrs, vous aurez, je vous en préviens, besoin
d'eux... C'est à Nonancourt, en effet, selon toute apparence,
que vous retrouverez l'assassin de votre père.

Sa voix baissa, tandis qu'il prononçait ces derniers mots.
Hélène s'était levée.

— Et m'y aiderez-vous, M. Ledoux? s'écria-t-elle d'un
accent rauque.

Comme il ne répondait pas assez vite, elle ajouta :

— Vous m'avez déjà promis de m'y aider.

A son tour M. Ledoux se leva et dit :

— Je vous y aiderai , demoiselle.

Hélène porta bien doucement la main qu'elle tenait encore
à ses lèvres.

M. Ledoux la retira d'un mouvement pénible, mais qui
passa au compte de sa modestie.

— Au revoir donc, demoiselle, dit-il; soyez prête à partir
demain. Après-demain, ou le jour suivant au plus tard, nous
nous retrouverons à Nonancourt.

Hélène le reconduisit humblement jusqu'à la porte de la
rue. En remontant, elle éveilla toute la maison, les petits,
la tante Catherine, Mariole et le fatout.

— Allons ! vous autres, debout ! s'écria-t-elle dans la folie

de sa joie, m'avez-vous crue pauvre? Je sentais que vous
alliez bientôt me mépriser. Ah ! ah ! Je connais le monde ! On
ne m'aime que pour le pain que je donne ! J'ai de l'argent !
Marchez droit, les vieux et les jeunes ! Ne raisonnez pas, la
tante ! Poupette, baissez les yeux, je vous le conseille; et toi,
Nicaise, à ta niche ! J'ai une place ! Je dépenserai mon dernier
sou à venger le bonhomme, voyez-vous ! Il savait ce que
penser du cœur des autres, lui ! Ah ! la misère est finie ! Tra-
vaillez, je commanderai ! A la niche ! à la niche ! Et que personne ne souffle mot quand je parle !

Il n'y avait pas à répliquer, c'était terrible, mais elle alla
baiser Mariole dans son lit et lui dit :

— Ce bêta de Nicaise ne voulait-il pas faire de toi une
fille de chambre !... et se vendre soldat ! J'aurais plutôt
mendié au coin de la rue, Poupette, mon pauvre petit trésor !

Pendant cela, M. Ledoux avait regagné son carrosse. Il dit
au docteur Saunier :

— Elle a failli me tuer, rien qu'en me touchant le bout des
doigts ! Quand ma main a été dans sa main, tout le venin qui
était sous les ongles du mort s'est mis à mordre ma blessure.
C'est égal, l'homme qu'on jettera en pâture à la vengeance de
cette fille-là passera un mauvais quart d'heure ! Je suis content
de l'avoir à Nonancourt. Il faut me panser, docteur, ou je vais
tomber en syncope comme une femme !

Ce soir-là, dix heures sonnant, un détachement de Royal-
Auvergne-Cavalerie passa rue des Bourdonnais devant les
portes cochères symétriques de l'hôtel de Paulmy et de l'hôtel
de Lauzan. A ce même instant, par la porte ouverte de cette
dernière maison, quatre cavaliers sortirent et sans dire mot se
joignirent au détachement : c'étaient le roi, Raoul de Chateau-
briand-Bretagne, Yves et René de Coëtlogon.

On dansait chez M. de Paulmy, qui se mit aux fenêtres, avec
M. d'Argenson et ces dames, pour voir les beaux soldats dés-
cendre vers le bord de l'eau.

Les beaux soldats suivirent la rivière. A la porte de la
Conférence, les sentinelles crièrent le *qui vive!* et Piètre
Gadoche, en personne, très galant cavalier sous son costume
militaire, répondit :

— Royal-Auvergne, marquis de Crillon !

L'escorte passa : ce fut jusqu'à Saint-Germain une marche triomphale.

A Saint-Germain, ce brillant marquis de Crillon ou plutôt Piètre Gadoche, reçut des mains de lady Mary Stuart, qui avait suivi le détachement de Royal-Auvergne dans son carrosse, la bague du régent avec le beau diamant de M. Cartouche : en tout cinquante mille livres de pierres fines, sans compter les montures. Le marché avait été tenu loyalement des deux parts : Le roi était dans les bras de sa mère.

FIN DE LA PREMIÈRE PARTIE

La suite de ce récit va paraître sous le titre de
LA CAVALIÈRE
Qui lui convient plus particulièrement.

TABLE DES MATIÈRES

8. — Chartres. Imprimerie Félix LAINÉ, 27-2-26.

www.ingramcontent.com/pod-product-compliance
Lightning Source LLC
Chambersburg PA
CBHW072004040426
42447CB00009B/1481